大型多媒体教学光盘精彩内容展示

一、丰富实用的教学视频教程
（一）赠送超值实用的视频教程
1. 与书同步的 6 小时视频教程
2. 6 小时 Photoshop 照片处理视频教程
3. 手把手教你把新品打造成爆款视频教程

（二）部分视频内容目录展示
手把手教你把新品打造成爆款视频教程

（1）爆款产品内功
- 爆款产品之选款
- 爆款产品之拍照
- 爆款产品之详情

（2）爆款基本功作
- 爆款基本功之标题设置
- 爆款基本功之产品上架
- 爆款基本功之橱窗推荐
- 爆款基本功之基础销量

（3）爆款流量武器
- 活动获取流量
- 淘宝客获取流量
- 直通车获取流量

（4）爆款转化全店盈利
- 关联销售产品
- 爆款复购提升及后备爆款培养

（5）爆款案例分析

二、超值实用的电子书
（一）新手开店快速促成交易的 10 种技能
- 技能 01：及时回复买家站内信
- 技能 02：通过千牛聊天软件热情地和买家交流
- 技能 03：设置自动回复，不让客户久等
- 技能 04：使用快捷短语，迅速回复客户
- 技能 05：使用移动千牛，随时随地谈生意
- 技能 06：保存聊天记录做好跟踪服务
- 技能 07：巧用千牛表情拉近与买家的距离
- 技能 08：使用电话联系买家及时跟踪交流
- 技能 09：与买家交流时应该注意的禁忌
- 技能 10：不同类型客户的不同交流技巧

（二）不要让差评毁了你的店铺——应对差评的 10 种方案
主题一：中差评产生的原因及对店铺的影响
1. 中差评产生的原因
2. 中差评对店铺的影响

主题二：应对差评的 10 种方案
- 方案一：顾客没有问题——谦卑心态、积极应对
- 方案二：对症下药——根据问题根源来针对处理
- 方案三：拖沓不得——处理中差评要有时效性
- 方案四：适当安抚——对情绪激动的顾客给予适当安抚
- 方案五：客服处理——客服处理中差评的方法流程
- 方案六：主动防御——运营严丝密缝，不留漏洞
- 方案七：留存证据，自我保护——应对恶意中差评
- 方案八：中差评转化推广——通过回评把差评转化为推广机会
- 方案九：产品是商业之本——重视产品品质、描述一致
- 方案十：有诺必践——承诺一定要兑现

主题三：常见中差评问题处理及客服沟通技巧
1. 常见中差评问题处理技巧
2. 中差评处理中，客服常用沟通技巧

（三）你不能不知道的 100 个卖家经验与盈利技巧
1. 新手卖家开店认知与准备技巧
- 技巧 01：网店店主要具备的基本能力
- 技巧 02：个人开淘宝要充当的角色
- 技巧 03：为店铺做好市场定位准备
- 技巧 04：新手开店产品的选择技巧
- 技巧 05：主打宝贝的市场需求调查
- 技巧 06：网店进货如何让利润最大化
- 技巧 07：新手开店的进货技巧
- 技巧 08：新手代销产品注意事项与技巧
- 技巧 09：掌握网上开店的流程
- 技巧 10：给网店取一个有卖点的名字

2. 网店宝贝图片拍摄与优化相关技巧
- 技巧 11：店铺宝贝图片的标准
- 技巧 12：注意商品细节的拍摄
- 技巧 13：利用自然光的拍摄技巧
- 技巧 14：不同商品拍摄时的用光技巧
- 技巧 15：新手拍照易犯的用光错误
- 技巧 16：用手机拍摄商品的技巧
- 技巧 17：服饰拍摄时的搭配技巧
- 技巧 18：裤子拍摄时的摆放技巧
- 技巧 19：宝贝图片美化的技巧与注意事项

3. 网店装修的相关技巧
- 技巧 20：做好店铺装修的前期准备
- 技巧 21：新手装修店铺的注意事项
- 技巧 22：店铺装修的误区
- 技巧 23：设计一个出色的店招
- 技巧 24：把握好店铺的风格样式
- 技巧 25：添加店铺的收藏功能
- 技巧 26：做好宝贝的分类设计
- 技巧 27：做好店铺的公告栏设计
- 技巧 28：设置好广告模板
- 技巧 29：增加店铺的导航分类
- 技巧 30：做好宝贝推荐
- 技巧 31：设置好宝贝排行榜
- 技巧 32：设置好淘宝客服

4. 宝贝产品的标题优化与定价技巧

技巧33：宝贝标题的完整结构
技巧34：宝贝标题命名原则
技巧35：标题关键词的优化技巧
技巧36：如何在标题中突出卖点
技巧37：寻找更多关键词的方法
技巧38：撰写商品描述的方法
技巧39：写好宝贝描述提升销售转化率
技巧40：认清影响"宝贝"排名的因素
技巧41：商品发布的技巧
技巧42：巧妙安排宝贝的发布时间
技巧43：商品定价必须考虑的要素
技巧44：商品定价的基本方法
技巧45：商品高价定位与低价定位法则
技巧46：抓住消费心理原则巧用数字定价

5. 网店营销推广的基本技巧
技巧47：加入免费试用
技巧48：参加淘金币营销
技巧49：加入天天特价
技巧50：加入供销平台
技巧51：加入限时促销
技巧52：使用宝贝搭配套餐促销
技巧53：使用店铺红包促销
技巧54：使用彩票拉熟方式促销
技巧55：设置店铺VIP进行会员促销
技巧56：运用信用评价做免费广告
技巧57：加入网商联盟共享店铺流量
技巧58：善加利用店铺优惠券
技巧59：在淘宝论坛中宣传推广店铺
技巧60：向各大搜索引擎提交店铺网址
技巧61：让搜索引擎快速收录店铺网址
技巧62：使用淘帮派推广
技巧63：利用"淘帮派"卖疯主打产品
技巧64：利用QQ软件推广店铺
技巧65：利用微博进行推广
技巧66：利用微信进行推广
技巧67：微信朋友圈的营销技巧
技巧68：利用百度进行免费推广
技巧69：店铺推广中的八大误区

6. 直通车推广的应用技巧
技巧70：什么是淘宝直通车推广
技巧71：直通车推广的功能和优势
技巧72：直通车广告商品的展示位置
技巧73：直通车中的淘宝类目推广
技巧74：直通车中的淘宝搜索推广
技巧75：直通车定向推广
技巧76：直通车店铺推广
技巧77：直通车站外推广
技巧78：直通车活动推广
技巧79：直通车无线端推广

技巧80：让宝贝加入淘宝直通车
技巧81：新建直通车推广计划
技巧82：分配直通车推广计划
技巧83：在直通车中正式推广新宝贝
技巧84：直通车中管理推广中的宝贝
技巧85：修改与设置推广计划
技巧86：提升直通车推广效果的技巧

7. 钻展位推广的应用技巧
技巧87：钻石展位推广有哪些特点
技巧88：钻石展位推广的相关规则
技巧89：钻石展位推广的黄金位置
技巧90：决定钻石展位效果好坏的因素
技巧91：用少量的钱购买最合适的钻石展位
技巧92：用钻石展位打造爆款

8. 淘宝客推广的应用技巧
技巧93：做好淘宝客推广的黄金法则
技巧94：主动寻找淘宝客帮助自己推广
技巧95：通过店铺活动推广自己吸引淘客
技巧96：通过社区活动增加曝光率
技巧97：挖掘更多新手淘宝客
技巧98：从SNS社会化媒体中寻觅淘宝客
技巧99：让自己的商品加入导购类站点
技巧100：通过QQ结交更多淘宝客

（四）10招搞定"双11""双12"营销活动
第1招：无利不起早——"双11"对你的重要意义
第2招：知己知彼——透视"双11"活动流程
第3招：做个纯粹的行动派——报名"双11"活动
第4招：粮草先行——"双11"活动准备工作
第5招：打好热身仗——"双11"活动热身、预售
第6招：一战定胜负——"双a11"活动进行时
第7招：善始善终——"双11"活动售后服务
第8招：乘胜追击——"双12"活动备战
第9招：出奇制胜——"双11""双12"营销策划与创意
第10招：他山之石——"双11"成功营销案例透析

三、超人气的网店装修与设计素材库
- 28款详情页设计与描述模板（PSD分层文件）
- 46款搭配销售套餐模板
- 162款秒杀团购模板
- 200套首页装修模板
- 396个关联多图推荐格子模板
- 330个精美店招模板
- 660款设计精品水印图案
- 2000款漂亮店铺装修素材

四、配套的PPT课件
本书还提供了较为方便的PPT课件，以便教师教学使用。

淘宝、天猫微店

网店美工
从入门到精通

凤凰高新教育 魏应峰 ◎ 编著

北京大学出版社
PEKING UNIVERSITY PRESS

内容提要

本书全面、系统地讲解了淘宝、天猫、微店三大平台网店的店铺设计与装修技能,旨在帮助从事网上开店的新手,以及想从事网店美工岗位的新手学到经验,少走弯路。

全书分为4篇,总共10章内容。

第1篇为网店美工基础篇(第1~3章):网上开店对店铺的装修与设计就显得尤为重要,可以这样说,网店设计与装修的好坏,也是直接决定网店经营成功与否的关键因素。本篇主要讲解了网店装修与设计的原则、步骤,网店视觉营销的意义,设计要素与法则,以及网店设计中字体、颜色、版式的正确搭配与应用等知识。

第2篇为淘宝、天猫网店设计篇(第4~7章):淘宝、天猫是当前网上开店的两个重要的平台。本篇主要针对淘宝店铺、天猫店铺讲解了装修与设计的相关技能和经验。

第3篇为微店店铺设计篇(第8~9章):移动端智能手机购物的发展,催生了当前活跃的微店平台。本篇主要讲解了手机店铺、微店的装修与设计技能。

第4篇为PS宝贝图片优化技能篇(第10章):对于大部分卖家而言,自己并非专业的摄影师,拍摄出的宝贝图片难免会存在各种各样的问题。使用Photoshop处理宝贝图片,可以使宝贝看起来更自然和完美。本篇主要给读者介绍使用Photoshop对宝贝图片进行优化处理的必备技能。

本书内容全面,讲解清晰,图文直观。既适合网上开店的店主学习使用,也适合想从事网店美工而又缺乏设计与实战经验的读者学习参考,同时还可以作为大中专院校、各类社会培训机构学习的教材参考用书。

图书在版编目(CIP)数据

淘宝、天猫、微店网店美工从入门到精通 / 凤凰高新教育,魏应峰编著. —北京:北京大学出版社,2017.7

ISBN 978-7-301-28311-0

Ⅰ.①淘… Ⅱ.①凤… ②魏… Ⅲ.①电子商务–网站–设计 Ⅳ.①F713.361.2 ②TP393.092

中国版本图书馆CIP数据核字(2017)第109556号

书　　名	淘宝、天猫、微店网店美工从入门到精通 TAOBAO、TIANMAO、WEIDIAN WANGDIAN MEIGONG CONG RUMEN DAO JINGTONG
著作责任者	凤凰高新教育　魏应峰　编著
责任编辑	尹　毅
标准书号	ISBN 978-7-301-28311-0
出版发行	北京大学出版社
地　　址	北京市海淀区成府路205号　100871
网　　址	http://www.pup.cn　新浪微博:@北京大学出版社
电子信箱	pup7@ pup.cn
电　　话	邮购部 62752015　发行部 62750672　编辑部 62580653
印　刷　者	北京大学印刷厂
经　销　者	新华书店 787毫米×1092毫米　16开本　17.75印张　彩插2　457千字 2017年7月第1版　2017年7月第1次印刷
印　　数	1–3000册
定　　价	49.00元

未经许可,不得以任何方式复制或抄袭本书之部分或全部内容。
版权所有,侵权必究
举报电话:010–62752024　电子信箱:fd@pup.pku.edu.cn
图书如有印装质量问题,请与出版部联系。电话:010–62756370

Preface 序言

"电子商务"开创了全球性的商业革命,带动商业步入了数字信息经济时代。近年来我国电子商务发展迅猛,不仅创造了新的消费需求,引发了新的投资热潮,开辟了新的就业增收渠道,为"大众创业、万众创新"提供了新空间,同时加速与制造业融合,推动服务业转型升级,催生新兴业态,成为提供公共产品、公共服务的新力量,成为经济发展新的原动力。

在商务部、中央网信办、发改委三部门联合发布的《电子商务"十三五"发展规划》中,预计到 2020 年将实现电子商务交易额超过 40 万亿元,同比"十二五"末翻一番,网络零售额达到 10 万亿元左右。电子商务正以迅雷不及掩耳之势,进入到百姓生活的方方面面,可以说,电子商务已经成为网络经济中发展最快、最具潜力的新兴产业,而且是一个技术含量高,变化更新快的行业,要做好电子商务产业,应认清行业的发展趋势,快速转变思路,顺应行业的变化。电商行业的发展呈现了以下 5 个较为鲜明的发展趋势。

移动购物。2016 年天猫"双十一"全天交易总额为 1207 亿元,其中无线端贡献了 81.87% 的占比,这是阿里巴巴举办"双十一"8 年来的最高交易额,比 2015 年全天交易额的 912 亿元、无线端贡献的 68%,有了大幅度增长。随着智能终端和移动互联网的快速发展,移动购物的便利性越来越突出。在主流电商平台的大力推动下,消费者对于通过移动端购物的接受程度也大大增加,用户移动购物习惯已经养成。无线购物正在迅猛地发展,21 世纪不仅仅是 PC 端网购的时代,更是无线端网购的新时代。

电子商务向三、四、五线城市及农村电商渗透。如果说前 10 年是电子商务的起步和发展阶段,一、二线城市享受着电子商务带来的产业升级变化和大众的生活便利,那么,后 10 年会是三、四、五线城市,以及农村电商发展的黄金时期。随着国家政策的大力扶持,以及交通运输、网络物流的改善,电商正在逐渐渗透到三、四、五线城市及农村电商市场。

社交购物。社交购物的模式大家一定不陌生，在我们的社交平台上已经充斥着各种各样的电商广告，同时通过亲人、朋友等向我们推荐，作为我们的购物参考。社交购物可以让大家在社交网络上更加精准地营销，更个性化地为顾客服务。

大数据的应用。大家知道如果以电子商务的盈利模式逐渐作为一个升级，最低级的盈利是靠商品的差价。往上一点的是为供应商商品做营销，做到返点。再往上一点的盈利是靠平台，通过流量、顾客，然后收取平台使用费和佣金提高自己的盈利能力。再往上一点是金融能力，也就是说为我们的供应商、商家提供各种各样的金融服务得到的能力。而在电子商务迅猛发展的今天，我们要通过电子商务顾客大量的行为数据，分析和利用这个大数据所产生的价值，这个能力是当前电子商务盈利的最高层次。

精准化营销和个性化服务。这个需求大家都有，都希望网站为我而设，希望所有为我推荐的刚好是我要的，所以以后的营销不再是大众化营销，而是精准化营销。而这个趋势也是基于数据应用来实现的，通过数据的分析为顾客提供个性化的营销和服务。

然而，随着我国电子商务的急剧发展，互联网用户正以每年100%的速度递增，电子商务人才严重短缺，预计我国在未来10年大约需要200万名电子商务专业人才，人才缺口相当惊人。行业的快速发展与人才供应不足的矛盾，形成电子商务领域巨大的人才真空。从社会调查实践来看，大量中小企业正在采用传统经济与网络经济相结合的方式生产经营，对电子商务人才的需求日益增加。

面对市场对电子商务人才的迫切需求，人才的培养已得到普遍重视，国内很多大学及职业院校都已开设了电子商务专业，力争在第一时间将符合需求的专业人才推向市场。目前市场上关于电子商务的图书很多，但很多图书内容时效性差、技术更新落后、理论多于实际操作。北京大学出版社出版的这套电子商务教程，结合了当前几大主要电商运营平台（淘宝、天猫、微店三大平台），并针对电商运营中重要的岗位（如网店美工、网店运营推广）和热点技术（如手机淘宝、大数据分析、爆款打造）等，进行了全面的剖析和系统的讲解。我相信这套教程是中国电子商务人才培养、产业发展创新的有效补充，能为电商企业、个体创业者、电商从业者带来实实在在的帮助。互联网的发展很快，电商的发展更是如此，相信电商从业者顺应时代发展，加强学习，一定能做出自己更大的成绩。

中国电子商务协会副会长
李一杨

Foreword 前言

◆ 致读者

无论是淘宝、天猫,还是微店,都是基于互联网,通过在线进行交易的一种购物方式。顾客购物时通常是以品牌、视觉、销量为重要导向,这有别于传统线下渠道购物方式,传统线下购物时顾客可以通过观察、触摸、环境、试用效果等多种方式来建立购买意图。因此,网上开店对店铺的装修与设计就显得尤为重要,可以这样说,网店设计与装修的好坏,也是直接决定网店经营成功与否的关键因素。

产品质量好、物流服务好、客服响应快、服务好,这些都是影响产品销售的因素。但是,好的店铺装修设计,一定会让你的店铺销量如虎添翼。而主要负责店铺装修与设计的重要岗位就是网店美工,因此,一个好的网店一定要有一位优秀的美工。

网店装修设计的要素与原则有哪些?
店铺设计中字体、颜色与版式如何正确应用?
网店首页、推广图、海报如何设计?
网店详情页、视频卖点如何设计?
手机店铺、微店如何正确设计?

本书主要针对网上开店的用户,以及想从事网店美工岗位的读者,一一解答上述问题,教会你如何科学合理、快速有效地进行店铺的设计与装修。

◆ 本书特色

本书充分考虑网上开店用户的实际情况,通过通俗易懂的语言、翔实生动的实例,系统完整地讲解了淘宝、天猫、微店设计与装修的相关知识,具有以下特色。

● 真正"学得会,用得上"。全书围绕当前最实用、最流行的三大创业平台淘宝、天猫、微店来讲述网店装修与设计的相关知识。即使读者以前完全不懂网店装修,也能快速入门,通过本书学习,让你学会如何设计与装修网店。

● 案例丰富，参考性强。全书通过相关案例进行分析讲解，完整地剖析了网店装修的原则、步骤及相关设计方法与技能。并且总结了 34 个"大师点拨"的内容，汇总优秀网店美工的成功经验与心得，教会你如何规范合理、科学有效地设计与装修店铺，如何通过网店的"视觉营销"来提高店铺的销售量。

● 配套视频，直观易学。本书还配有与书同步的多媒体教学视频，书盘结合学习，立竿见影。让你花最少的时间，学到最实用的技能。

◆ 超值光盘

本书配套光盘内容丰富、实用、超值，全是干货。不仅赠送与书同步的网店装修的教学视频，还赠送了皇冠卖家运营实战经验、运营技巧的相关电子书。另外，还为新手开店的卖家提供了丰富的网店装修模板。具体内容如下：

一、实用的开店视频教程

（1）与书同步的 6 小时视频教程，手把手教你装修出品质店铺。

（2）6 小时 Photoshop 照片处理的视频教程。

（3）手把手教你把新品打造成爆款视频教程。

二、超值实用的电子书

（1）你不能不知道的 100 个卖家经验与盈利技巧。

（2）不要让差评毁了你的店铺——应对差评的 10 种方案。

（3）新手开店快速促成交易的 10 种技能。

（4）10 招搞定"双 11""双 12"营销活动。

三、超人气的网店装修与设计素材库

● 28 款详情页设计与描述模板。
● 46 款搭配销售套餐模板。
● 162 款秒杀团购模板。
● 200 套首页装修模板。
● 396 个关联多图推荐格子模板。
● 330 个精美店招模板。
● 660 款设计精品水印图案。
● 2000 款漂亮店铺装修素材。

四、PPT 课件

本书还提供了较为方便的 PPT 课件，以便老师教学使用。

◆ 读者群体

本书尤其适合以下类型的读者学习参考。

● 在淘宝、天猫、手机端平台开店的店主。
● 淘宝、天猫、微店的美工人员。
● 品牌企业的电商部门人员。
● 互联网运营专员。
● 电商产品经理。
● 各类院校或培训机构电子商务相关从业人员。

本书由凤凰高新教育策划并组织编写。本书作者为电商实战派专家，在淘宝、天猫、微店装修与设计方面有很深的造诣。本书同时也得到了淘宝、天猫、微店众多运营高手及美工高手的支持，他们为本书道出了自己多年的实战经验，在此向他们表示衷心的感谢。同时，由于互联网技术发展非常迅速，网上开店的相关规则也在不断地变化，书中疏漏和不足之处在所难免，敬请广大读者及专家指正。

读者信箱：2751801073@qq.com
投稿信箱：pup7@pup.cn
读者 QQ 群：218192911

Contents 目录

第1篇 网店美工基础篇

第1章 网店装修与设计快速入门

1.1 网店装修设计的重要性 / 3
   1.1.1 为什么要进行网店的装修设计 / 3
   1.1.2 网店装修与设计的注意事项 / 4
1.2 网店装修设计的原则 / 10
   1.2.1 把握网店的整体风格 / 10
   1.2.2 网店设计审美的一般原则 / 11
1.3 6步搞定网店设计 / 11
   1.3.1 第1步：准备设计素材 / 11
   1.3.2 第2步：运用图片存储空间 / 12
   1.3.3 第3步：规划网店装修风格 / 13
   1.3.4 第4步：规划网店页面布局 / 14
   1.3.5 第5步：规划网店的设计元素 / 15
   1.3.6 第6步：应用软件完成设计 / 15
本章小结 / 16

第2章 网店设计中的视觉营销

2.1 什么是网店视觉营销 / 18
   2.1.1 视觉营销在电商中的定位 / 18
   2.1.2 视觉营销的根本目的 / 18
   2.1.3 网店视觉营销的意义 / 18
2.2 网店视觉营销的4个基本原则 / 19
   2.2.1 统一性 / 19
   2.2.2 差异性 / 19
   2.2.3 有效性 / 20
   2.2.4 审美性 / 20
2.3 视觉营销数据化分析的4个关键指标 / 21
   2.3.1 店铺首页停留时间 / 21
   2.3.2 页面点击率 / 22
   2.3.3 店铺访问深度 / 23
   2.3.4 跳失率 / 23
2.4 网店视觉设计的5个要素 / 26
   2.4.1 产品要素 / 26
   2.4.2 季节要素 / 27
   2.4.3 色彩要素 / 27
   2.4.4 布局要素 / 27
   2.4.5 用户对象要素 / 27
2.5 网店视觉设计的4个法则 / 28
   2.5.1 法则一：快速吸引住客户 / 28
   2.5.2 法则二：视觉感官享受 / 28
   2.5.3 法则三：让客户记住产品 / 28
   2.5.4 法则四：促进客户的购买欲望 / 29
本章小结 / 29

第 3 章　网店设计的三大要素——色彩、文字、版式

3.1　色彩　/ 31
  3.1.1　色彩的种类　/ 31
  3.1.2　色彩三要素　/ 32
  3.1.3　色调的心理与倾向　/ 33
3.2　文字　/ 37
  3.2.1　常见的字体风格　/ 37
  3.2.2　了解文字的编排规则　/ 38
  3.2.3　字体的正确选择　/ 40
  3.2.4　字体的创意设计　/ 41
3.3　版式布局　/ 44
  3.3.1　版式设计的形式法则　/ 44
  3.3.2　版式布局中图片的处理　/ 46
  3.3.3　了解版式布局中的视觉流程　/ 48
  3.3.4　版式布局中的对齐方式　/ 49
本章小结　/ 54

第 2 篇　淘宝、天猫网店设计篇

第 4 章　淘宝、天猫店铺模块化设计

4.1　个性化 Logo 设计　/ 57
  4.1.1　Logo 设计的基本要求　/ 57
  4.1.2　设计静态 Logo　/ 58
  4.1.3　设计动态 Logo　/ 60
4.2　个性化店招设计　/ 64
  4.2.1　店招设计的基本要求　/ 64
  4.2.2　促销活动店招设计　/ 65
  4.2.3　特殊节日店招设计　/ 67
  4.2.4　设计动态店招　/ 70
  4.2.5　将店招应用到店铺　/ 71
4.3　店铺收藏、关注、广告栏的设计　/ 73
  4.3.1　确定设计尺寸等基本要求　/ 73
  4.3.2　设计静态收藏、关注图标　/ 73
  4.3.3　设计动态收藏、关注图标　/ 75
  4.3.4　设计公告栏　/ 76
4.4　宝贝分类模块设计　/ 78
  4.4.1　宝贝分类模块设计基本要求　/ 78
  4.4.2　宝贝分类标题按钮设计　/ 79
4.5　导航、客服模块设计　/ 81
  4.5.1　导航、客服设计的基本要求　/ 81
  4.5.2　设计导航栏　/ 81
  4.5.3　设计客服模块　/ 83
  4.5.4　把导航、客服模块应用到店铺　/ 84
本章小结　/ 93

第 5 章　店铺页面及运营推广图设计

5.1　店铺首页设计　/ 95
  5.1.1　店铺首页设计的基本要求　/ 95
  5.1.2　店铺首页设计的基本思路　/ 96
  5.1.3　店铺首页设计包含的模块　/ 98
  5.1.4　店铺首页设计方法　/ 100
  5.1.5　店铺首页设计切图及应用到店铺　/ 101
5.2　店铺运营推广图设计　/ 110
  5.2.1　产品主图的设计　/ 110
  5.2.2　直通车推广图的设计　/ 112
  5.2.3　钻展图的设计　/ 114
5.3　首页海报 / 轮播图设计　/ 120
  5.3.1　海报的视觉要点　/ 120
  5.3.2　海报图制作　/ 121
  5.3.3　全屏海报图设计　/ 124
  5.3.4　全屏轮播图设计　/ 125
本章小结　/ 126

第6章 网店的详情页设计

6.1 详情页的设计思路 / 128
　　6.1.1 宝贝详情页的作用 / 128
　　6.1.2 宝贝详情页的组成元素 / 128
　　6.1.3 设计详情的前提 / 131
　　6.1.4 设计前的市场调查 / 133
　　6.1.5 宝贝卖点挖掘 / 134
　　6.1.6 详情页的视觉呈现 / 135
6.2 详情页的设计内容 / 138
　　6.2.1 模特图展示 / 138
　　6.2.2 产品整体展示 / 139
　　6.2.3 产品细节图片 / 140
　　6.2.4 产品宣传广告图片 / 141
　　6.2.5 产品参数图片 / 141
　　6.2.6 产品介绍 / 143
　　6.2.7 产品特色卖点 / 143
　　6.2.8 产品对比展示 / 144
　　6.2.9 产品使用场景展示 / 145
　　6.2.10 产品包装展示 / 146
　　6.2.11 产品售后说明 / 147
　　6.2.12 品牌文化和企业实力 / 148
　　6.2.13 关联广告位展示 / 148
　　6.2.14 促销活动展示 / 149
　　6.2.15 详情页的情感营销 / 151
6.3 详情页的设计要点 / 157
　　6.3.1 满足客户需求 / 157
　　6.3.2 控制页面内容 / 158
　　6.3.3 进行合理布局 / 159
本章小结 / 163

第3篇　微店店铺设计篇

第7章 网店装修中的视频制作

7.1 视频拍摄 / 165
　　7.1.1 淘宝商品拍摄流程 / 165
　　7.1.2 视频构图的基本原则 / 166
　　7.1.3 景别与角度 / 169
7.2 认识会声会影视频制作软件 / 170
　　7.2.1 会声会影工作界面 / 170
　　7.2.2 视频制作流程 / 174
7.3 淘宝视频制作 / 176
　　7.3.1 9 秒主图视频制作 / 177
　　7.3.2 详情页视频制作 / 181
　　7.3.3 为视频添加 Logo / 181
　　7.3.4 为视频配音 / 182
7.4 上传与应用视频 / 184
　　7.4.1 上传视频到淘宝 / 184
　　7.4.2 主图视频的应用 / 186
本章小结 / 188

第8章 手机淘宝的视觉设计

8.1 手机淘宝 / 191
　　8.1.1 无线端与 PC 端的区别 / 191
　　8.1.2 淘宝无线端装修设计要点 / 193
8.2 无线端首页装修 / 195
　　8.2.1 使用首页模块 / 196
　　8.2.2 设计无线端店招 / 200
　　8.2.3 设计焦点图 / 201
　　8.2.4 设计优惠券 / 203
　　8.2.5 设计分类图 / 206
　　8.2.6 首页备份 / 209
8.3 手机详情页装修 / 210
　　8.3.1 PC 端详情页导入 / 210
　　8.3.2 利用"神笔"快速制作无线详情页 / 212
8.4 手机店铺其他装修 / 220
　　8.4.1 自定义菜单 / 220
　　8.4.2 手机海报 / 223

　　8.4.3　自定义页面装修　/224
本章小结　/227

第9章　有赞微商城的设计与装修

9.1　首页设计　/229
　　9.1.1　店铺主页设置　/229
　　9.1.2　使用模板设计主页　/233
　　9.1.3　设置页面导航　/234
　　9.1.4　设置自定义模块　/235
　　9.1.5　设置公共广告　/236
9.2　详情页设计　/236
　　9.2.1　详情页设置　/237
　　9.2.2　导入淘宝的详情页　/237
本章小结　/241

第4篇　PS宝贝图片优化处理技能篇

第10章　Photoshop网店宝贝优化必备技能

实战1：调整倾斜的图片并突出主体　/244
实战2：去除多余对象　/245
实战3：宝贝图片降噪处理　/247
实战4：宝贝图片清晰度处理　/249
实战5：珠宝模特美白处理　/250
实战6：衣服模特上妆处理　/253
实战7：模特人物身材处理　/255
实战8：虚化宝贝的背景　/258
实战9：更换宝贝图片的背景　/259
实战10：宝贝图片的偏色处理　/262
实战11：修复偏暗的宝贝图片　/264
实战12：修复过曝的宝贝图片　/266
实战13：修复逆光的宝贝图片　/267
实战14：添加宣传水印效果　/269
实战15：宝贝场景展示合成　/272
本章小结　/274

附录　电子商务常见专业名词解释（内容见光盘）

第 1 篇

网店美工基础篇

网店发展经历了最初的卖货时代、视觉营销时代,再到目前的视觉营销 2.0 版时代。为何会出现视觉营销 2.0 版?因为当下在网店视觉设计上,通过产品图片处理、装修风格酷炫等已经无法更好地满足用户需求,需要更深层次的以产品风格、卖点、差异化等元素来对网店进行设计以提高用户体验。

提到设计,我们需要了解由 Tim Brown 提出的 Design Thinking 概念,即"设计思维"。设计思维早期应用于工业设计上,目的是让制造的产品更方便于消费者使用。目前被广泛地应用于视觉设计上,可以理解为更加符合用户体验的设计。

设计思维的核心就是以用户为核心,可以说设计思维就是用户思维。本篇,我们将带着明确目的,以"逆向"的思维方式进行网店设计,避免新手在设计中走许多不必要的弯路。

网店装修与设计快速入门

本章导读

网店是基于互联网络，通过在线支付进行交易的店铺，所以顾客购物通常是以品牌、视觉、销量为重要导向，这有别于传统线下渠道顾客购物可通过观察、触摸、环境、试用效果等多种方式来建立购买意图，所以网店装修就显得尤为重要。我们应该如何装修店铺来提升视觉效果？如何高速有效地达成我们的装修目的？通过本章内容的学习，这些问题将得以解决。

知识要点

- 网店装修设计的重要性
- 网店装修设计的 2 个审美原则
- 6 步搞定网店设计

1.1 网店装修设计的重要性

有部分卖家会很疑惑：网店不做装修就不能卖出产品了吗？理论上来讲是可以的。

服务好、产品质量好、物流服务好、客服响应迅速等，其实都是影响产品销售的因素。但是，好的装修设计，一定会让你的店铺销量如虎添翼。从淘宝上线开始的产品摆拍、挂拍，从棚拍发展到外景，从抠图、裁剪发展到如今的文案排版、创意合成，都表明装修设计对网店的重要性。

1.1.1 为什么要进行网店的装修设计

随着生活环境的变化，在审美观不断进步的同时，人们却始终没有脱离"以貌取人"的意识形态，而装修设计，正是以网店"外貌"的层面存在。有美感、有冲击力的视觉作品，不但能吸引住大众眼球，还能让顾客在产品页面停留更长时间，从而提升点击率、转化率，最终增强顾客对品牌的黏性，实现利益最大化。如图1-1所示，我们能直观感受到装修设计给店铺带来的影响。

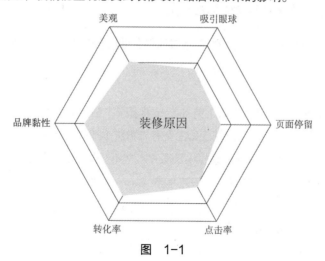

图 1-1

与此同时，我们调研了一家新开的、高客单价的男装店铺，在无直通车、钻展推广等干扰数据情况下，通过对比活动装修前后的停留时长、订单数、转化率等数据情况，如图1-2所示三张图中，不难看出，装修设计对网店的销量是有很大影响的，这也再次说明了其对整个网店经营的重要性。

统计日期	访客数	PC端店铺首页平均停留时长(秒)	下单子订单数	下单转化率	下单金额
2016-06-08	143	393.40	1	0.70%	279.00
2016-06-09	146	75.00	2	1.37%	508.00
2016-06-10	223	43.78	5	0.90%	1,495.00
2016-06-11	216	34.40	2	0.92%	628.00
2016-06-12	210	185.28	6	2.38%	1,877.00
2016-06-13	206	220.32	2	0.97%	598.00
2016-06-14	201	283.35	2	0.99%	1,137.00
2016-06-15	232	198.25	0	0.00%	0
2016-06-16	226	44.20	1	0.44%	521.00
2016-06-17	266	358.48	0	0	0
			合计:21	平均:0.96%	合计:7043.00

（a）活动装修前

统计日期	访客数	PC端店铺首页平均停留时长(秒)	下单子订单数	下单转化率	下单金额
2016-06-18	400	137.24	171	9.75%	41,061.04
2016-06-19	368	260.36	147	10.33%	45,259.00
2016-06-20	312	199.22	43	6.41%	14,019.00
2016-06-21	213	152.23	2	0.94%	628.00
2016-06-22	211	463.89	4	1.90%	747.00
2016-06-23	201	262.47	1	0.50%	349.00
2016-06-24	105	476.50	1	0.61%	329.00
2016-06-25	196	47.80	5	1.53%	2,066.00
2016-06-26	199	98.00	1	0.50%	349.00
2016-06-27	190	97.23	9	2.63%	2,581.00
			合计:334	平均:3.51%	合计:107388.04

（b）活动中

统计日期	访客数	PC端店铺首页平均停留时长(秒)	下单子订单数	下单转化率	下单金额
2016-06-28	239	540.39	8	1.67%	2,152.00
2016-06-29	186	586.50	9	2.15%	2,991.00
2016-06-30	189	121.00	4	1.06%	1,126.00
2016-07-01	173	315.80	8	2.31%	2,292.00
2016-07-02	173	354.24	5	1.73%	1,275.00
2016-07-03	184	59.46	3	1.63%	957.00
2016-07-04	185	121.64	13	3.24%	3,697.00
2016-07-05	188	53.55	2	1.06%	528.00
2016-07-06	226	445.33	3	1.33%	1,169.00
2016-07-07	187	49.86	7	2.14%	2,143.00
			合计:62	平均:1.83%	合计:18330.00

（c）

图 1-2

1.1.2　网店装修与设计的注意事项

网店设计中许多因素并不是唯一的，如果造成偏差会增加不少修改的工作量，因此设计前应注意以下几点：

1. 注意网店装修旺铺版本

目前淘宝平台旺铺版本主要有基础版（免费）、专业版（1钻以下免费，1钻以上50元/月），以及最新的智能版（99元/月），天猫平台旺铺版本主要有天猫版（类同于淘宝专业版，免费），以及最新的智能版（99元/月）。不同的旺铺版本装修模块及图片尺寸不尽相同，需要在装修前特别留心。各旺铺版本主要模块方面的区别，可在店铺首页最下方单击 旺铺|天猫版 图样进行查阅，各旺铺版本主要功能方面的区别如图1-3所示：

2. 注意网店装修常用图片格式

（1）GIF 格式

GIF（Graphics Interchange Format）的原义是"图像互换格式"，是CompuServe公司在1987年开发的图像文件格式。GIF文件的数据，是一种基于LZW算法的连续色调的无损压缩格式。其压缩率一般在50%左右，它不属于任何应用程序。目前几乎所有相关软件都支持它，公共领域有大量的软

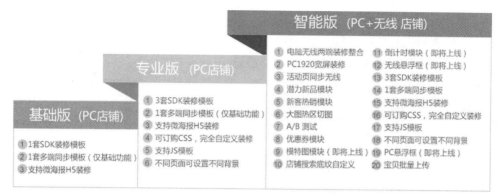

图 1-3

件在使用 GIF 图像文件。

GIF 分为静态 GIF 和动画 GIF 两种，扩展名为 .gif，是一种压缩位图格式，支持透明背景图像，适用于多种操作系统，"体型"很小，网上很多小动画都是 GIF 格式。其实 GIF 是将多幅图像保存为一个图像文件，从而形成动画，最常见的就是通过一帧帧的动画串联起来的 GIF 图。如图 1-4 所示，所以归根到底 GIF 仍然是图片文件格式，但 GIF 只能显示 256 色。

图 1-4

（2）JPEG 格式

JPEG 由联合照片专家组（Joint Photographic Experts Group）开发并命名为"ISO 10918-1"，JPEG 仅仅是一种俗称。扩展名为 .jpg 或 .jpeg，是目前网络传播中应用非常广且灵活的格式。具有调节图像质量的功能，允许用不同的压缩比例对文件进行压缩，支持多种压缩级别，压缩比率通常在 10∶1 到 40∶1 之间，压缩比越大，品质就越低；相反地，压缩比越小，品质就越好，也可在图像质量和文件尺寸之间找到平衡点。JPEG 格式压缩的主要是高频信息，对色彩的信息保留较好，适合应用于互联网，如图 1-5 所示。

图 1-5

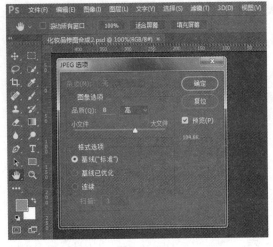

JPEG 格式可减少图像的传输时间，可以支持 24bit 真彩色，也普遍应用于需要连续色调的图像，是可以把文件压缩到最小的格式，并且兼容性好。在 Photoshop 软件中以 JPEG 格式储存时，提供 13 级压缩级别，以 0~12 级表示。其中 0 级压缩比最高，图像品质最差。即使采用细节几乎无损的 12 级质量保存时，压缩比也可达 5：1。如图 1-6 所示，经过多次比较，采用第 8 级压缩为存储空间与图像质量兼得的最佳比例。

由于 JPEG 优异的品质和杰出的表现，它的应用也非常广泛，目前各类浏览器均支持 JPEG 这种图像格式，因为 JPEG 格式的文件尺寸较小，下载速度快，使 Web 页有可能以较短的下载时间提供大量美观的图像，JPEG 同时也就顺理成章地成为网络上最受欢迎的图像格式。换言之，就是可以用最少的磁盘空间得到较好的图像质量。

图 1-6

（3）PNG 格式

PNG 图像文件存储格式，其设计目的是试图替代 GIF 和 TIFF 文件格式，同时增加一些 GIF 文件格式所不具备的特性。PNG 支持透明效果，可以为原图像定义 256 个透明层次，使得彩色图像的边缘能与任何背景平滑地融合，从而彻底地消除锯齿边缘，是 GIF 和 JPEG 所不具备的。PNG 同时还支持真彩和灰度级图像的 Alpha 通道透明度，应用非常广泛。例如在网店中，产品或模特背景抠图，水印制作等。

（4）PSD 格式

PSD 是 Adobe 公司的图形设计软件 Photoshop 的专用格式。PSD 文件可以存储成 RGB 或 CMYK 模式，能够自定义颜色数并加以存储，还可以保存 Photoshop 的图层、通道、路径、参考线等信息，是目前唯一能够支持全部图像色彩模式的格式。由于能保存原图像的所有数据信息，利于图像后期调整，所以在图像制作完成之前，除了保存为通用的格式之外，通常都会存储一个 PSD 的文件以作备份，如图 1-7 所示。

图 1-7

PSD 文件是一种图形文件，除了用 Photoshop 等专业图形修改软件打开之外，目前还可使用一些看图软件进行预览，如 ACDSee、2345 看图王等软件。需要注意用 PSD 格式保存图像时，图像没有经过压缩，当图层较多时，会占很大的硬盘空间。

问：经常见到 RAW、TIFF 图片格式，电脑无法打开，这是什么格式呢？
答：这两种图片格式在未安装插件及一些较新的看图软件时是无法直接打开的。

● RAW 的原意就是"未经加工"。可以理解为：RAW 图像就是 CMOS 或者 CCD 图像感应器将捕捉到的光源信号转化为数字信号的原始数据。RAW 文件是一种记录了数码相机传感器的原始信息，同时记录了由相机拍摄所产生的一些元数据（Metadata，如 ISO 的设置、快门速度、光圈值、白平衡等）的文件。可以利用 PC 上的某些特定软件如 ACDsee 打开，用 Photoshop、Lightroom 等软件对 RAW 格式的图片进行处理，需要注意的是不同相机厂商的 RAW 文件拓展名是不同的。

● TIFF 全称是 Tagged Image File Format，文件扩展名为 TIF 或 TIFF。该格式支持 256 色、24 位真彩色、32 位色、48 位色等多种色彩位，同时支持 RGB、CMYK 以及 YCbCr 等多种色彩模式，支持多平台。广泛地应用于对图像质量要求较高的图像的存储与转换，用 Photoshop 编辑的 TIFF 文件可以保存路径和图层。

3. 注意区分图片的"分辨率"和"大小"

很多初步接触图片的朋友不是很清楚我们通常说的"分辨率"是指图片"宽度（px）× 高度（px）"还是"72dpi"，也不太理解"图片大小"究竟是指"宽度（cm）× 高度（cm）"还是图片占用多少 KB 或 MB 存储空间。下面我们一起来解决这些疑惑。

（1）图片分辨率

现实中主要的有两种分辨率，一种是屏幕分辨率，另一种是打印分辨率。

打印分辨率又称为输出分辨率，是指在打印输出时横向和纵向两个方向上每英寸最多能够打印的点数，通常以"点/英寸"即 dpi（Dots Per Inch）表示。一般的照片打印分辨率都是 300dpi，也就是一英寸的范围中打印 300 个像素。

而屏幕分辨率是指一张图片点的排列方式，如 1920×1080 的排列一样，是单位英寸中所包含的像素点数，其定义更趋近于分辨率本身的定义，如图 1-8 所示。通常情况下，图像的分辨率越高，所包含的像素就越多，图像就越清晰，印刷的质量也就越好。同时，它也会增加文件占用的存储空间。至于其他的扫描分辨率和显示分辨率等于网络查阅稍作了解即可。

（2）图片"大小"

我们通常所说的"图片大小"容易被理解为图片尺寸或图片占用的空间大小，实际上，两者有一定关系但不是同一回事。

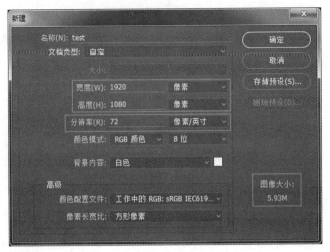

图 1-8

图片尺寸的单位是像素,也可以用厘米、毫米、英寸、点等表示,如图 1-9 所示。当然任性一点用尺、米、公里表示也未尝不可。需要注意的是图片尺寸在用像素表示的情况下,与分辨率概念上有些重合。

而通常我们所说的图片大小是指图片文件占用存储空间的多少,单位是 bit "字节"、KB "千字节"、MB "兆字节"等表示存储容量的单位,如图 1-10 所示。

图 1-9

图 1-10

细心的朋友可能会发现这里图片大小和占用硬盘空间不一致,这是由于操作系统规定硬盘一个簇中只能放置一个文件的内容,因此文件所占用的空间,只能是簇的整数倍;而如果文件实际大小小于一簇,它也要占一簇的空间。

所以,一般情况下文件所占空间要略大于文件的实际大小,只有在少数情况下,即文件的实际大小恰好是簇的整数倍时,文件的实际大小才会与所占空间完全一致。

大师点拨 01：新手在网店装修设计时的八大误区

误区一：导航栏混乱

导航栏是装修中较容易轻视的一块，新手们通常认为只要按照常规将分类中规中矩地展示出来即可，但这种想法是错误的。导航栏是引导目标消费者进到相应分类或专题版块的重要通道，如果导航栏设置不清晰明了，起到的引导作用就不明显，我们可以通过店铺装修热力图来观察导航栏的点击情况。

建议：装修设计要注意导航栏设置，合理规划安排，做到买家能根据导航栏迅速进入相关页面找到其想要的产品。

误区二：展现"负面"信息

在初期装修的时候，容易将店铺地址、资质、统计信息等均展示出来，认为可以增加店铺的可信度。其实不然，对于发展初期的店铺，访问量、成交订单、商品评价通常不会太高，此时就需要合理地规避店铺的"负面"信息，给访客仅展示正面信息。

建议：店铺初期以装修店铺和产品为主，减少其他弱势信息的展示。

误区三：产品分类

很多卖家对产品的分类热衷于使用图片来展示，认为买家能更快地识别。这种分类方式对于新卖家来说是很不利的。用图片展示分类，会极大地减少淘宝搜索关键词的出现，从而无法提升关键词搜索流量。

建议：尽量使用关键词对店铺进行分类。

误区四：背景音乐

淘宝店铺可以设置背景音乐，很多卖家为了店铺氛围会选择使用背景音乐，下面我们来分析设置背景音乐会带来哪些弊端：① 加载背景音乐时会在一定程度上影响打开速度，等待时间会造成部分访客的流失；② 买家不一定喜欢店铺设置的背景音乐，当进入店铺自动播放音乐时会切换买家之前听的音乐，从而使买家还没开始浏览产品就已产生了抵触心理；③ 部分买家可能是工作时间浏览淘宝店铺，其中不乏配备音响的，当进入店铺如果突然播放音乐，会造成无法预计的后果。

建议：为了提升买家的综合体验，提高网页加载速度，建议不要添加背景音乐。实在有需要的话，建议在醒目的地方提醒买家按【Esc】键就能取消播放。

误区五：首页装修无重点

有的卖家为了在首页展示更多的产品，不分重点地依次排列装修，这会让每款产品变得"同等重要"，而在买家眼里却变得"同等不重要"。首页无重点突出产品、详情页入口设置得太多，就不能把买家引流到网店的优势产品上，反而容易流失客户，增加店铺的跳失率。

建议：首页装修设计要突出店铺重点打造款式，优势及引流款均可，将访客流量大部分引到重点款上促进成交。同时销量和评价的累积，会给产品带来良性循环。

误区六：详情页图省事儿

首页装修完成后，有的卖家因产品sku较多或拍摄图片的原因，对详情页的装修有所懈怠，这样势必会导致店铺的转化率偏低。我们要知道在整个店铺中买家下单的最终页面就是产品详情页，无论是通过店铺首页、直通车、钻展还是淘宝客进到店铺，都是如此。所以产品详情页，才是店铺最为核心、最为重要的页面。

建议：要想提高销量，每一个装修细节都不容忽视，详情页也要认真对待。

误区七：图片越大越清晰越好

通常买家进入店铺，如果在3秒内还没有对店铺的产品产生基本的兴趣，那几乎就不会购买，这称为"淘宝3秒法则"。所以如果单张图片过大，可能3秒钟都还没加载完成，很难让没有耐心的买家持续等待下去，从而白白损失流量。而且容易导致店铺的流量高，但是成交率低，对店铺的搜索权重也是有一定影响的。

建议：利用Photoshop切片工具将大图切片，质量适度、足够清晰即可，单张图片大小在300kb以下为宜。

误区八：过度使用动态特效

在淘宝装修市场里面可以购买一些装修模板，一些卖家因模板附带很多JS特效而购买，于是在装修的时候大量使用JS特效使之看上去够酷炫。殊不知过多的动态特效会使买家感觉眼花缭乱，出现视觉疲劳，反而没有将注意力放到产品上。不过少量的动态效果能起到活跃页面气氛的作用，我们可以使用Photoshop或After Effects制作一些GIF动态图片，或使用淘宝能识别的Class编写代码生成特效。通常一个页面中自动轮播或者闪烁的内容模块在1~2个就足够了，广告轮播一般是4秒钟变换一次，在同一屏内动感效果的元素所占的比重不宜过大。

建议：动静结合是网页交互体验不错的解决方案，但动态特效过多会适得其反。

1.2 网店装修设计的原则

网店装修是客户浏览店铺的第一视觉点，装修符合大众审美的同时也有独特的视觉效果，是吸引客户的关键点。装修优秀的店铺，设计师能通过颜色的搭配调出不同的韵味，从而拉近卖家和买家之间的距离。

1.2.1 把握网店的整体风格

网店的整体风格指的是网店界面给买家的直观感受，网店经营的产品特点直接决定了其整体风格，但不同的风格又关联着不同的消费群体。

放眼淘宝，出色的卖家无不重视店铺首页的风格定位。甚至，发展稳定的店铺有自己专门的装修团队。所以，把握好店铺的整体风格对于店铺的生存发展将起到至关重要的作用。如图1-11所示，店主根据服饰的特点，规划设计出适合网店的整体主题风格和版面，给人清新整洁之感。

图 1-11

1.2.2 网店设计审美的一般原则

1. 特色鲜明原则

在网页设计中,根据和谐、均衡和重点突出的原则,不同的设计师会将不同的色彩进行组合搭配,通过店铺的产品和企业理念,构思设计出店铺的风格界面。但是一个网站或者版面的风格,必须要拥有自己独有的特点,才能显得其个性鲜明,从而给浏览者留下深刻印象。

2. 搭配合理原则

网页设计在遵从艺术规律的同时,还需要考虑人的生理特点,装修设计就是要带给客户良好的视觉体验。所以,在色彩搭配上,一定要合理,避免采用纯度很高的单一色彩,多样的色彩搭配更容易增加视觉冲击力,抵御视觉疲劳。

3. 讲究艺术性原则

网站设计也是一种艺术活动,因此它必须遵循艺术性原则,在考虑了网站本身特点的同时,按照主题内容决定设计形式,大胆的设计创新,创造出有艺术特色的主题网页。

1.3 6步搞定网店设计

有些人觉得网店设计很难,真的难吗?学会以下6步,你也可以轻松搞定网店设计。

1.3.1 第1步:准备设计素材

任何完美的设计都离不开大量的素材。准备设计素材是一个长期的工作,如果在店铺装修的过程中所有的素材都是自己亲自制作,无疑为装修设计加大了难度。

所以，通常在不涉及版权问题的情况下，我们要利用好网络，养成善于搜集的好习惯，在设计的时候就不会盲目地寻找了。当然，也可以通过一些素材网站来寻找素材，比如千图网（www.58pic.com）、昵图网（www.nipic.com）、花瓣网（huaban.com）、500px（https://500px.com）等，如图1-12所示。

图 1-12

1.3.2 第2步：运用图片存储空间

图片存储空间是在店铺管理中，上传、发布照片时必要的辅助工具。在淘宝网的店铺管理中，只支持基本图片的上传，但是很多商品的说明、规格、价格、图片等主要信息都需要放在店铺网址中，这就需要运用图片存储空间了。它能有效地避免卖家因使用外网图片存储空间，导致图片打开速度慢或无法打开等问题。

从2014年1月1日起，淘宝已为个人卖家提供了20GB的免费图片存储空间，阿里集团事业部副总裁王文彬表示："经过我们计算，20GB的图片存储空间已经可以满足现有99%的卖家需求，当然如果卖家的图片特别多，还可以申请报备后免费进行扩容。"打开图片的方式，如图1-13所示。

图 1-13

1.3.3 第3步:规划网店装修风格

1. 店铺之魂—LOGO

LOGO 是一种力量,是能在第一时间让人记住的必不可少的一种标志。有灵魂的 LOGO 图案设计,能巧妙地运用色彩搭配,结合店铺的名称和理念,打造独一无二的标签,这是网店成功的第一步。

LOGO 设计主要有四种创意方式:

(1)含义

一个 LOGO 的设计包含了其特有的含义,而其含义的充分表达,通常通过象征性、比喻性或故事性的方式。

① LOGO 的象征性,即采用视觉符号,引发人们对抽象性标志的记忆。如图 1-14 所示,为花花公子品牌 LOGO,使用了人们熟悉的兔子作为 LOGO 形象。

② LOGO 的比喻性,即使用一个或一组符号,比喻其另一种含义。如图 1-15 所示,为雀巢公司以雀巢图案作为 LOGO。

③ LOGO 的故事性,即采用故事中的符号,作为标志设计的元素。如图 1-16 所示,为 iPhone 品牌以其中文翻译同音的苹果形状作为 LOGO。

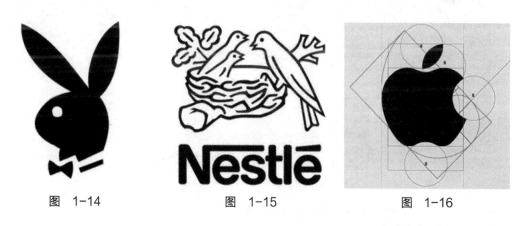

图 1-14　　　　　图 1-15　　　　　图 1-16

(2)图形

根据人们所熟悉的图形,塑造企业的亲切感,表达企业的关键信息,如图 1-17 所示。

(3)文字

文字是人们接受信息最直观的方式,中英文标志的统一组合,使文字标志在视觉和听觉上更胜一筹,如图 1-18 所示。

(4)形式

通过点、线、面的结合,营造空间的质感,阐述店铺特点,如图 1-19 所示。

2. 确定主色和配色

所谓主色调,是指店铺里面展现最多的、最突出、最直观的色系。该色系与 LOGO 为同一系列最好。当然,在确定主色调前,设计师需要充分了解产品特色、卖点和传达的理念等。

图 1-17

Kingdee 金蝶

图 1-18

图 1-19

所谓配色色调，是指搭配的主色上的颜色。如果一个版面中只有主色调，即单一的色调，只会显得设计太乏味、单调，有了配色色调的交相呼应，就能让店铺装修表现更为"生动"，如图1-20所示。

3. 文案

图片和色彩都做得很好之后，就需要搭配上深刻、贴切的文字，来引领主题。比如活动主题、店铺简介、品牌理念等，需要通过文案的合理表达，让顾客对产品充分了解并产生共鸣，如图1-21所示。

图 1-20

图 1-21

1.3.4 第4步：规划网店页面布局

1. 首页整体布局

首页主要由店招、导航、海报、产品分类、客服旺旺、产品展示、店铺页尾、店铺背景等部分组成。它是一块浏览量和点击率都较高的区域，进店的客户一眼看到的就是首页，它的设计直接影响了成交量。要保证首页整洁统一的同时，还要通过适当调整色调来刺激顾客的视觉感官，使其快速自助地找到心仪的产品。

注意：首页的整体布局，一定要保证在不同的屏幕分辨率下都能清晰地展现出来。

2. 利用活动页

首页一般会设计一组轮播海报，但是如果轮播图片只链接某一个产品，这无疑有些浪费。如果顾客不喜欢该产品，那么流失率会很高，转化率会降低。所以，设计人员可以适当地利用活动页，陈列

多个产品,来供不同需求的顾客选择。利用好活动页对店铺有四大好处:

① 减少首页的高度,提升加载速度;

② 给客户更多的选择空间,提高成交率;

③ 丰富店铺页面,提升页面停留时长;

④ 加深顾客印象,促进回购率。

1.3.5 第5步:规划网店的设计元素

1. 背景选择

不管是首页的背景或者详情页背景的选择,都与成交量有着直接的关系,背景的选择是网店设计要素的重点之一。好的背景选择能融入主题,凸显产品或者店主想要表达的内容。当然,背景的选择也需要色调的搭配和对比,有利于增加视觉冲击力,如图1-22所示。

2. 字体

字体是网店设计中重点要素之一,对于顾客来讲,浏览一个网页的时候,视线会不自觉地聚集在字体上。当然字体也包括大小,新颖的大小或者变换设计,也是店铺的一大亮点,这就要求版面中的中文、英文、数字字体要保持统一。字体太多,会变得杂乱无章;字体太少,会显得空洞,主次不清。如图1-23所示。

3. 陈列设计

陈列设计在某方面也可以称作排版设计,在现在的网页设计中,许多独特的排版被设计师们津津乐道。同样的文字,通过不同的排版设计,会呈现不同的效果。拥有自己独特的设计元素,也是增加成交量的因素之一,如图1-24所示。

图 1-22

图 1-23　　　　　图 1-24

1.3.6 第6步:应用软件完成设计

在网络店铺装修的过程中,要实现以上的装修设计,我们需要通过最基本的Photoshop软件完成。关于Photoshop软件,可以去官网(www.adobe.com)进行下载试用,如图1-25所示。

目前，Photoshop 版本已经更新至 Photoshop CC 版本，相比上一代的 CS6 版本，CC 版本主要更新了图片、视频处理和 Creative Cloud 云功能等，对计算机硬件的要求更高，所以建议初学者可以根据个人计算机的配置来选择版本。

图 1-25

大师点拨 02：新手如何快速规划出页面布局及风格

在刚开始接手店铺装修设计时，相信很多新手内心多少会有一些迷惘，有没有捷径能快速规划页面布局呢？还真有！

不过在走捷径之前至少得会画点"草图"，不要把它想象成是多么复杂的技术，你大可选择用纸质、Excel 表格或 Photoshop 软件"临摹"即可。根据同类目销量排行 TOP6 店铺，分别绘制出其首页、专题页、详情页页面布局，但是，只参考销量排行店铺布局通常没太大用处，它仅能代表布局比较合理和规范而已。

此时，再到同类目里筛选出至少 3 家"竞品"店铺，即产品定位、风格、客单价等均较为接近的店铺，绘制出其布局草图并与销量 TOP6 店铺布局草图做比较，找出"共性"和"差异性"。其中有"共性"的模块建议直接在自身店铺布局规划中体现出来，"差异性"模块根据店铺运营策略酌情加减，这样能快速并较为合理地规划出店铺的页面布局。

关于店铺界面风格规划，大多数品牌和商家有其指定要求。如果没有限制，可根据产品定位及风格来规划店铺页面风格让其达到统一。如数码类考虑简约或科技感，饰品类考虑质感或唯美，服装类根据服装本身属性是运动、休闲、商务或时尚等来调整页面风格。

本 章 小 结

本章主要是让读者了解为何要进行视觉设计，视觉设计在店铺中的重要性以及如何规划设计。了解本章知识后，能减少初学设计时由于认知范围有限可能遇到的一些问题。最后通过图片处理软件将店铺设计的想法变成现实，打造出优秀的店铺装修设计。

网店设计中的视觉营销

本章导读

当今世界是一个广告爆炸的世界,视觉营销逐渐成为征服市场的第一利器,尤其在网店设计中,视觉营销会直接影响整个店铺的成败。

本章主要带领读者了解什么是视觉营销,影响视觉营销的关键因素有哪些。

知识要点

- 什么是网店视觉营销
- 网店视觉营销的 4 个基本原则
- 视觉营销数据化分析的 4 个关键指标
- 网店视觉设计的 5 个要素
- 网店视觉设计的 4 个法则

2.1 什么是网店视觉营销

视觉在人的感觉中占主导地位,是一种影响人类行为的重要因素。视觉营销是指利用色彩、图像、文字等视觉元素,对消费者造成视觉冲击力,让其产生兴趣或共鸣,从而达到从潜意识影响消费者意识的一种营销方式。

2.1.1 视觉营销在电商中的定位

在这个互联网时代,店铺数量众多,货品繁杂,顾客的选择余地很大。要想突破重围,不花任何广告费,那就要用网店的装修布局来吸引访客,就不得不用到视觉营销。

虽然商品价格通常是顾客最大的关注点,但价格并不是唯一影响销量的重要因素,顾客在衡量价格的同时,视觉始终与产品本身形影不离。在顾客可接受的价格范围内,通过创意排版设计构建出相对有视觉冲击力的效果图,就能快速地博得顾客关注、提高认同感和品牌黏性。

所以,视觉营销是电商中的一种手段,我们可以通过视觉营销来达到销售目的。

2.1.2 视觉营销的根本目的

视觉营销是人类接收外界信息的第一道防线,是一种影响消费者行为的重要先决因素。通过设计强有力的视觉冲击效果来刺激客户视觉感官,吸引注意力,并能提高顾客对产品的认可度,激发客户的拥有欲望,产生明确的购买动机。

所以视觉营销的根本目的是最大限度地促进产品与消费者之间的联系,最终实现消费者的购买行为,并且在消费者购买的过程中,为店铺塑造良好的形象,提升重复购买的概率。

2.1.3 网店视觉营销的意义

1. 科学指导客户进行选择

现如今,人们的自主选择能力越来越强,一般销售人员已经无法说服具有自主购买意识的顾客,顾客们更愿意依靠自己的眼睛去观察和选择，而网店视觉营销就是利用人体的潜意识，利用科学的视觉设计间接引导顾客，降低因视觉设计不足而引起顾客反感的可能性。

2. 促进网店达成营销目标

视觉营销是市场营销层面上部分销售技术的总和，这部分销售技术可以在物质和精神方面向消费者展示我们的产品和服务。网店视觉营销不仅弥补了传统营销方式中的不足，在此基础上，还提高了整个营销过程中的服务质量，更快地促进网店达成营销目标。

2.2 网店视觉营销的 4 个基本原则

网店视觉营销可以看作一系列营销活动的组合，也是一种企业战略。视觉营销的原则将直接关系到顾客体验度，所以设计师需充分了解设计原则才能设计出更能满足顾客体验的作品。

2.2.1 统一性

在网店视觉营销中，统一性主要强调统一内容和风格。

首先是营销内容和视觉传播内容的统一，这要求在制定营销策略时，要有清晰的、针对性的方向。设计师首先需要了解目标客户群的喜好和审美。

其次是网页结构和整体色调的统一，巧妙地利用文字或者图片说明，让客户熟悉店铺的操作并了解产品，版面结构新颖但不繁杂，整体色调搭配，视觉效果好。

基于这两点，才能共同衡量视觉营销的统一性。如图 2-1 所示，要做到内容统一，视觉清新自然，配色得当。

2.2.2 差异性

在纷繁复杂的视觉营销设计中，我们还要有自己的独特之处，这样才能吸引顾客的关注，才能赢得较高的流量。在保证内容和风格统一的同时，有独特、有差异的设计灵感和艺术表现，可区别于甚至凌驾于其他商家的设计，才能成就我们店铺的市场地位。

比如在七夕节，由于网络素材中月亮、牛郎织女和鹊桥的素材众多，许多店铺都采用了图 2-2 所示海报作为自家店铺的海报或者首页图。不可否认，这种设计是成功的，巧妙地突出了中国传统七夕节的含义。但无疑缺乏了创新意识，缺乏了差异性表达，品牌特点也不突出。

如图 2-3 所示的店铺，在视觉设计上无论是色彩、文案、创意都与传统设计有很大差异，这反而能让顾客耳目一新，更多地注意到其商品。

图 2-1

图 2-2

图 2-3

2.2.3 有效性

视觉营销是顾客能最直观接受信息的方式,所以我们要保证其信息的有效性。

一般情况下,应将最新的信息放置到最醒目的位置上。如果此位置是过时的、无效的信息,就很难吸引顾客的目光。如图 2-4 所示,即使已至秋季时节,某店铺的海报依然使用的春夏风格海报,这样顾客接受的信息是"无效的",还容易引起抵触心理。

因此,网店的视觉营销,要及时更新商品信息并有效地展示给顾客。

2.2.4 审美性

网页本身就是信息传播的载体,其重要的作用之一就是信息的传达。在传递信息时,我们最基本的要求是"美观"。在店铺中,可通过更换活动信息及视觉设计让客户每次入店都有焕然一新的感觉,带给顾客愉悦的心情,如图 2-5 所示。

图 2-4

图 2-5

2.3 视觉营销数据化分析的 4 个关键指标

越来越多的企业与个人已经认识到视觉营销的必要性,知道通过视觉营销的数据化分析,利用数据来指导店铺运营和设计,能有效地提高视觉营销的效率,本节内容将介绍视觉营销的 4 个关键指标。

2.3.1 店铺首页停留时间

店铺首页停留时间是衡量设计是否成功的重要指标之一,也是引发后续购买产品或订单成交的基本前提。那么如何查看店铺首页停留时间呢?

第1步 登录店铺淘宝账号,点击进入卖家中心,如图 2-6 所示。

第2步 单击页面左侧"营销中心"中的"生意参谋",进入其应用页面,如图 2-7 所示。

第3步 单击菜单栏"自助取数"选项,如图 2-8 所示。

第4步 选择需要查看的维度、周期、日期和指标,如"人均停留时长"等,如图 2-9 所示,单击"预览数据"按钮即可查看。

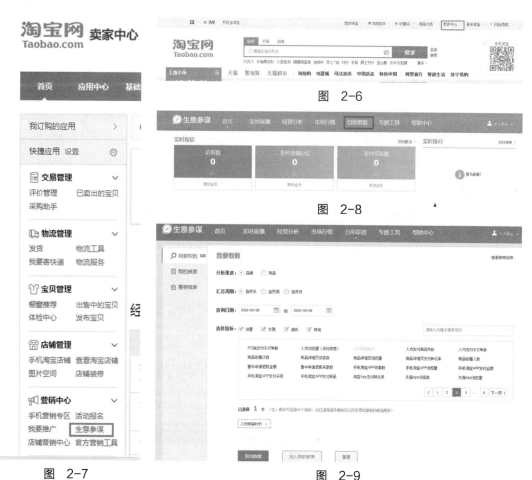

图 2-6

图 2-8

图 2-7

图 2-9

问：店铺首页停留时间是怎样计算出来的呢？

答：通常情况下，店铺首页停留时间计算，从逻辑上是指从客户开始进入店铺到完全离开店铺的时间。

由于客户在网络状态下行为的特殊性（如存在中途跳出等情况），以及时间收集的局限性，我们无法准确判断客户实际离开店铺的时间。所以，只能采取替代的方案，根据客户打开下一个新页面的时间作为离开本页面的时间。显然，这种分析并不能客观地反映客户的实际行为，所以其计算结果是不精确的。

但是，这并不意味着此种计算方式没有意义。数据本身的价值，通常是通过比较产生的。所以我们在日常数据分析中，可以通过这些数据对比各个产品的页面停留时间，来调整营销政策和优化方向。

2.3.2 页面点击率

点击率是指一定的广告展现所获得的点击比率。在淘宝搜索产品名称时，点击率的高低会影响其自然排名，也会直接影响宝贝的成交转化率。那么，影响点击率的因素有哪些呢？

1. 核心因素：图片

店铺装修设计实际就是主观的视觉设计，图片的不断优化是重点，主图就尤为重要了。主图的设计要突出卖点，体现差异性，同时要抓住客户的心理，针对性地提炼出客户寻求的答案。如图 2-10 所示为防晒产品，设计师根据产品功能，发挥想象并设计，成功地把握客户的心理，用视觉设计表达出了客户想要取得的效果。

2. 产品的价格和质量

一些卖家为了吸引流量，不惜以低价亏本的方式出售，这是一种不理智的做法。现如今顾客越来越注重产品的质量和舒适度，成功的产品不仅要价格合理，而且质量要有所保障。物美价优的产品，如图 2-11 所示，自然能赢来顾客好评。

图 2-10

图 2-11

3. 基础销量的高低

淘宝平台商品众多，通常情况下销量高的产品大家认为不会太差，这就是所谓的"从众"心理。对店铺来说，当顾客看到某款商品销量不错时，会潜意识觉得这款商品质量不错，从而进行购买。对于刚上架的新品，在没有基础销量的情况下，商家可以通过一些优惠活动来提高销量。如图2-12所示，店铺掌柜通过"买一送一"和"猜就送"的活动快速地将店铺新品销量提升起来。

图 2-12

2.3.3 店铺访问深度

店铺的访问深度就是出于留住顾客的目的，如果产品与产品之间关联度高，顾客就容易根据链接一步步点击下去，从而浏览到不同产品的详情页。如果最后能成交订单，则达到销售目的，如果未成交订单，也能通过页面之间的关联让客户浏览到更多的信息，增加对产品及品牌的了解。

在淘宝后台中，可进入"生意参谋"工具，单击"自动取数"选项，查看"人均浏览量（访问深度）"，如图2-13所示。

图 2-13

2.3.4 跳失率

跳失率是指客户通过入口进入商品或店铺，只访问一个页面就离开的次数占该页面总访问次数的比例。在淘宝后台中，可进入"生意参谋"工具，单击"自助取数"选项，查看"跳失率"，如图2-14所示。还需要了解影响跳失率的下列5点因素，从而避免在设计中出现此类问题。

图 2-14

1. 店招

当顾客进入店铺，首先看到的就是店招，不标准或者简单乏味的店招，无疑会造成一定的客户流失。而当客户看到一个正规的有视觉美感的店招时，不仅会增加对店铺的好感，而且能有效地减少跳失率，同时增加产品转化率，如图2-15所示。

图 2-15

2. 商品标题

在为淘宝商品制定标题时，不少卖家为了更多的搜索展现，容易出现关键词堆砌的现象，即将各种热搜的词语加入标题。这样的标题看起来杂乱无条理，卖点不突出，容易带给客户不好的体验，形成客户流失。所以，商品标题要保证在一定关键词范围内，有突出的卖点并且语句通顺，如图2-16所示。

图 2-16

3. 主图

主图是吸引客户进店的关键因素，当顾客打开淘宝，怀着"我只逛逛"的心理浏览商品时，一张好的主图，会促使顾客点击。如果同款商品在其他因素一致的情况下，仅主图展示效果有所差别，相信大多数顾客会选择主图看起来更美观的店铺购买，所以好的主图能提高店铺流量。

4. 宝贝评价

由于淘宝店铺的某些特性，客户无法直接接触到商品来观察其形状和质量等参数，通常客户是利用查看宝贝评价来评估整个商品，如图2-17所示。

相比卖家的描述，顾客的亲身体验来得更切实际。通过买家的评价，顾客能较全面地了解产品的优缺点，比如是否有色差，尺码是否合适，产品材质好坏等。在自我衡量能接受的范围内，理智地下单购买。当然，评价较差的宝贝，流失率就会

图 2-17

大大增加。所以，商品评价也能直接影响店铺跳失率。

5. 客服响应速度和服务质量

在顾客对产品有疑问的时候，店铺通常都为顾客提供了客服咨询服务，确保能及时地解答顾客的疑惑。

相信大家多少都接触过卖家店铺客服。那么，客服的响应速度和服务质量是否会影响跳失率呢？答案是肯定的。比如在询问产品质量、大小或库存时，长时间都没有得到客服解答，顾客可能会到其他店铺下单购买。或者在询问的过程中，客服回复过于缓慢，也没有礼貌用语，相信大多数顾客会放弃购买。所以，客服服务好坏也是影响跳失率的重要因素之一。

当然，影响跳失率的因素不仅仅只有以上 5 点，店铺等级、DSR 动态评分、产品销量、营销手段（免邮、特价、赠品）等都可能影响跳失率，其偶然性也很大。

大师点拨 03：网店视觉营销中的数据化分析与优化

通过分析直通车数据能找出直通车推广存在的问题并进行优化，通常主要分析推广图的点击率（CTR）、点击转化率、平均点击花费（PPC）以及最核心的投入产出比（ROI）。首先，相应数据可登陆店铺后台，单击左侧"营销中心"栏下"我要推广"，如图 2-18 所示。进入推广工具市场后单击淘宝/天猫直通车模块下的"即刻提升"，如图 2-19 所示。进入直通车投放数据报表首页，也可单击左侧"报表"分类下的"直通车报表"子分类来查看详细数据，如图 2-20 所示。

图 2-18　　　　　　　　　　图 2-19

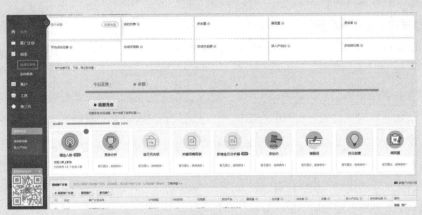

图 2-20

其次,我们需要了解淘宝直通车常用的计算公式:

$$点击率 = 点击量 \div 展现量$$

$$点击转化率 = 成交笔数 \div 点击量$$

$$平均点击花费 = 花费 \div 点击量$$

$$投入产出比 = 花费 \div 成交金额$$

根据以上计算公式,便能对直通车推广针对性进行优化,内容如下。

提高点击率:在展现量不变的情况下,我们只能通过提升点击量来提高点击率,可以从推广图设计和关键词上优化,关键词的质量得分需要关注到标题、类目、属性的相关性。

提升点击转化率:可以从商品价格、详情页装修、商品基础销量及好评、活动及优惠券方面进行优化。

平均点击花费:在花费不改变的情况下,需要通过提升点击量来降低平均点击花费,方法与提高点击率方法相同。

投入产出比:在花费不改变的情况下,需要通过提高成交金额来降低投入产出比,除了采用提升点击转化率的方法之外,还可采用商品关联搭配或"满减""满赠"等活动来提升连带率及客单价。

2.4 网店视觉设计的 5 个要素

互联网作为一种全新的大众传媒,备受人们的瞩目,它不仅具有传统传播媒介的功能,而且具有迅捷、及时、传播面广等独特优势。随着互联网技术和互联网经济的迅速发展,人们逐步对网店的设计审美有了更高的要求,更加注重其视觉体验。所以在网店视觉设计时,还需注意以下 5 个要素。

2.4.1 产品要素

产品是影响视觉设计的首要因素,产品的好坏能影响顾客购买欲望,因此视觉设计要结合以下 3 个维度更好地表现产品。

① 市场定位：掌握产品的市场需求，了解竞争者的优劣势，确定好店铺销售的产品。

② 客户群定位：了解客户群的需求和购买能力等因素，定期做好客户调查和维护工作。

③ 价格定位：不是指直接亏本定价，可以采用一些看似"优惠"的策略，如买五送一、满两件包邮等来合理地定价。也可以根据销量或受欢迎产品盈利情况或本店独有产品盈利情况定价，当然也可以按薄利多销的原则，考虑适当地降价等。

2.4.2 季节要素

季节因素主要是影响整体店铺的基调。设计师需要根据不同的季节，制作符合时宜的主图或促销类的界面，包括文字和元素的季节性，多采用应季应景的元素和素材，比如春天的花草，夏天的海水，秋天的落叶，冬天的雪花等。

通常服装、水果等季节性特别强的类目，视觉设计更换频率相比其他类目更高。

2.4.3 色彩要素

色彩的本身具有丰富的情感性和象征性，可以引发思维联想，形成强烈的感官效应。不同的颜色给人的感觉是不同的，所以不同的商品和品牌可以用不同的颜色来表达。

在网店视觉设计中，通过掌握产品特点和店铺理念，适当地使用不同的色彩来提升视觉效果。在店铺视觉设计中，通常一个主色调、两个辅助色调就足够。主色调应与产品或品牌协调匹配，如果色彩选择不当，容易引起顾客视觉不适。

2.4.4 布局要素

布局就是在网店设计中，将存有的视觉元素和模板备用的模块有机地排列，将理性思维个性化地表现出来。在传达信息的同时，产生视觉美感。在淘宝店铺的宝贝布局设计中，要注意整体风格的协调统一，如图2-21所示。首页及二级页面宝贝注意爆款产品的穿插，图案要美观大气，对齐方式要尽量统一。

2.4.5 用户对象要素

用户对象指店铺的产品主要面向的人群，不同的年龄层，视觉设计的方向和效果也有不同。如果用户对象主要是年轻人，那么可以将视觉设计得时尚、新潮；如果用户对象主要

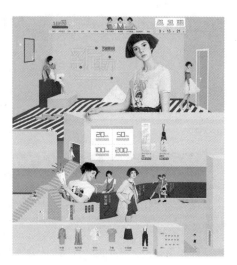

图 2-21

是中老年人，那么可以设计得沉稳、优雅。

当然，视觉设计与用户对象重在沟通和交流，设计在有效传达产品理念和特征的基础上，还需发挥设计者的主观能动性，提升产品魅力，激发用户购买欲。

所以，网店视觉设计也需要不断根据用户需求的变化进行调整，一成不变虽能加深用户对品牌的印象，但缺乏新意也会降低用户的浏览兴趣。

2.5 网店视觉设计的 4 个法则

当前网店林立，商品丰富，顾客的选择余地大，注意力不容易集中在一件商品或一个网店上。所以视觉设计是在网店装修与商品展示中的运用法则，旨在形成一个网店引力"磁场"，吸引顾客关注并得到认可。

2.5.1 法则一：快速吸引住客户

网店视觉设计的第一原则就是要快速吸引客户注意力，使其对产品产生兴趣。因此在设计中，可结合店铺实际情况打造出更能吸引客户的"点"。例如在文案上使用"一元疯抢""全店免单""免费送一件"等，快速吸引住客户点击进入店铺。

曾有某家销售月饼的店铺使用"免费吃一块"的文案吸引了大量顾客点击，实际活动是顾客购买一盒月饼，如果品尝后不满意可将剩余月饼退还给商家并全额退款，以达到"免费吃一块"的宣传噱头。

当然，不同的客户群的需求关注点不同，在素材制作上，色彩、文字和模特的张力等都举足轻重。因此，设计前需要针对目标客户群制定正确的设计方向，选择顾客能接受的装修设计风格引得关注。

2.5.2 法则二：视觉感官享受

成功的视觉设计，是在吸引顾客关注的同时，也能使顾客视觉感官愉悦。设计的内容表达要清晰有条理，形式要简单且新颖。一旦顾客的视觉感官得到满足，其对事物的接受能力就会随之提高，也会充分发挥视觉设计的传递效果。

2.5.3 法则三：让客户记住产品

店铺视觉设计，必须要统一规划色彩视觉表现，让进店的顾客第一时间就知道店铺的商品定位，从而选择是否继续深入了解。

如果店铺的风格足够鲜明并且给顾客留下好印象，即使初次没有购买商品，也可能"关注"店铺，一旦有需求时能快速找到店铺，从而形成购买。

2.5.4 法则四：促进客户的购买欲望

视觉设计就是通过适当地渲染产品亮点，激发客户的点击率和购买欲，辅助顾客成功下单。

店铺的首页是聚焦的中心，因此可让热销款商品占据有利的位置。热销款产品就是大部分人都喜欢的产品，销量越高越能刺激更多的顾客购买。

大师点拨04：优秀与失败网店视觉营销典型案例剖析

不同类目的产品在装修展示的方式上有一定差异，例如化妆品类目海报注重合成效果，服装类目海报大多是模特实拍。但无论什么类目，在版式设计上都应遵循设计规范避免凌乱的情况，如图2-22所示，同为男装类目店铺首页装修，相信多大多数顾客会倾向于到右侧店铺进行购物。

分析左侧店铺首页装修，从产品风格上，如果说为了突出潮流时尚，店铺主体色调选择黑色是可以的。但为了突出春季，又跳跃性地使用了绿色及蓝色，太过于生硬，所以给顾客造成的视觉感并不太好。

在第一屏海报中，主体仅有绿背景和文字，模特图被当作背景使用分布在左右两侧。如果顾客的显示器尺寸不大，可能无法看到产品模特图，第一时间内无法有效判断出店铺产品及风格，会降低顾客浏览兴趣。

图 2-22

在海报文案上，领取20元优惠券通常不会对顾客产生很大吸引力。

在版式设计上，"6折包邮"海报排版缺乏规范，显得较凌乱，不利于阅读。

整体配色和排版缺乏统一性，这样的网店视觉必然无法为营销目标提供多大帮助。

本 章 小 结

本章主要阐述了如何在设计中实现视觉营销，以达到提高转化率的目的。详细地讲述了什么是视觉设计及其重要影响因素等，为以后的设计奠定了坚实的基础。本章节的阐述，能更加明确我们做视觉设计的目的。

网店设计的三大要素——色彩、文字、版式

本章导读

目前网络市场竞争，首先就是店铺形象的竞争。网店视觉设计就是形象竞争的核心，它已经成为网店竞争的基本战略。内容充实、色彩丰富的设计，能为店铺带来更稳定的流量和转化，这就要求在进行网店装修设计时，做好全面的色彩、文字、版式设计工作。

知识要点

- 色彩的种类及色彩应用三要素
- 常见的字体风格与设计
- 版式布局中的图片处理和对齐方式

3.1 色彩

色彩被认为是艺术表现的要素之一，设计精良的网站离不开合理而统一的色彩设计。一方面，它可以制造气氛、烘托主题、强化版面的视觉冲击力，直接引起人们的注意与情感共鸣；另一方面，还可以更深入地揭示主题与形象的个性特点，强化感知力度，给人留下深刻的印象。它是一种通过眼、脑和生活经验所产生的对光的视觉效应，由光引起，同时具备光的物理属性。

3.1.1 色彩的种类

色彩按照种类可以分为：原色、间色、复色。

1. 原色

原色指色彩中不能再进行分解的基本色。原色能组合成为任何颜色，但组合成的任何颜色不能还原出原色。

色光三原色为红、绿、蓝，颜料三原色为品红、黄、青（湖蓝）。色光三原色可以组合成任意色彩，三者相加可以得到白色光。颜料三原色理论上也可组合成任何色彩，三者相加可以得到黑色，但是只是黑浊色，而不是纯黑色。

2. 间色

间色指两个原色混合而成的颜色。间色也只有三种：色光三间色为品红、黄、青（湖蓝）。颜料三间色为橙、绿、紫，也称第二次色。由此可见，色光三间色恰好是颜料的三原色，这种交错关系构成了色光、颜料与色彩视觉的复杂联系，如图3-1所示。

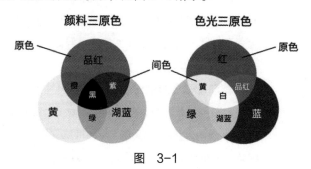

图 3-1

3. 复色

复色指两个间色或一种原色和其对应的间色（红与绿、黄与紫、蓝与橙）相混合的颜色，亦称第三次色。复色中含有所有的原色成分，但各原色比例不等，从而形成了不同的灰调色。

3.1.2 色彩三要素

色彩三要素指色彩的色相、饱和度、明度。在 Photoshop 软件中，可通过单击菜单栏中"图像"→"调整"→"色相/饱和度"命令来打开色彩三要素调整窗口，快捷键为【Ctrl+U】，如图 3-2 所示。

调整窗口可调节图像的色相、饱和度和明度，来达到想要的设计效果，如图 3-3 所示。

图 3-2　　　　　　　　　　图 3-3

1. 色相（色调）

色相指色彩的表现形式，也叫色调。它反映了色彩的基本面貌，是一种区别于另一色彩的主要因素。不同的波长决定了不同的色相。在光谱中，波长最长的是红色，最短的是紫色。将这些颜色加黑或加白，发生的变化只是明度，而色相不变。

为了便于观察和了解色彩，色彩学专家设计了色相环，将红、橙、黄、绿、蓝、紫色逆时针的环状形式排列，得出 6 种色相环，求出它们的中间色，如红橙、黄橙、黄绿等，又可以得到 12 色相环，以此类推。色相环是最高纯度的色相依次渐变的组合，体现了不同色相的转变关系。

在 12 色相环中，每一个颜色对面（180°对角）的颜色，称为互补色，如红色与绿色、红橙色与蓝绿色、黄色与紫色等，如图 3-4 所示。而对比色则是在色相环上 150°到 180°范围内相对的颜色，其中也包含有互补色。因此，互补色肯定是对比色，但对比色不一定是互补色。

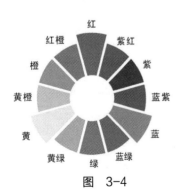

图 3-4

2. 饱和度（纯度）

饱和度指色彩的鲜艳程度，也叫纯度。凡具色相感的彩色都有一定的饱和度。无彩色，没有色相，也没有饱和度，或者认为饱和度为零。

在光谱 7 色中，本身的色相和明度不同，饱和度也是不同的。光谱中，红色饱和度最高。为了区别有色相感的彩色的饱和度高低，可以根据该色彩含有灰色的程度来计算。现实生活中，绝大部分为非高纯度色彩，配色时，我们通常通过加入黑、白、灰等无彩色或加入互补色，来降低纯度，但同时明度也会发生相应的变化，如图3-5所示。

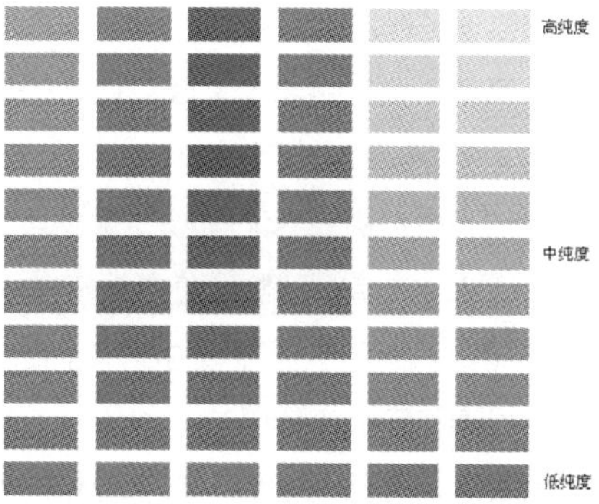

3. 明度（亮度）

明度指色彩的明暗程度，也叫亮度。任何色彩都具有一定的明度，明度可以离开色相和饱和度单独存在，而色相和纯度总是伴随着明度一起出现。

色彩可以分为有彩色和无彩色。有彩色中，各纯色明度各不相同，其中黄色明度最高，紫色明度最低；在无彩色中，将白色和黑色作为两极，灰色居于两者之间，无彩色只有明度的区分，没有色相和饱和度的区别。一般，白色明度最高，黑色明度最低，离白色愈近，明度愈高，离黑色愈近，明度愈低。通常我们可以采用加入白色或稀释颜色的方法，来提高色彩明度。

图 3-5

3.1.3 色调的心理与倾向

有一个由尼古拉斯·金·达莎比亚提出的学科，名叫色彩心理学。色彩心理学指出色彩在自然欣赏、社会活动方面，在客观上是对人们的一种刺激和象征，在主观上又是一种反应与行为。色彩的心理即色彩的感觉，指不同色彩的色相、饱和度、明度给人带来不同的心理暗示。不同的色彩具有不同的心理感受，主要体现为以下几点。

① 色彩的冷暖。生活中，我们常会提到冷色和暖色。一般来说，红色、橙色、黄色为暖色，会给人以温暖的感觉；紫色、蓝色等为冷色或暖色之间的中间色，会给人以寒冷的感觉。在无彩色系中，白色偏冷，黑色偏暖，灰色居中。这也是冬天穿衣暖色居多，夏天穿衣冷色居多的原因。

② 色彩的轻重。色彩的轻重主要取决于明度。明度高的颜色感觉轻；明度低的颜色感觉重。明度相同时，饱和度高的比饱和度低的感觉轻。以色相分，白色最轻，黑色最重。

③ 色彩的软硬。色彩的软硬感取决于明度和饱和度。明度较高的色彩（含灰色系）越软，明度较低的色彩（含灰色系）越硬。饱和度越高越硬，饱和度越低越软。

④ 色彩的强弱。高纯度色彩有强感，低纯度色彩有弱感。有彩色系比无彩色系有强感，主要以红色为最强感。对比度大的有强感，对比度小的有弱感。

⑤ 色彩的空间。色彩的空间感是色相、明度、饱和度等多种对比造成的错觉现象。亮色、暖色、纯色（如红、橙、黄等暖色系），有逼近之感，称为"前进色"。暗色、冷色、灰色（如青、绿、紫等冷色系），有推远之感，称为"后退色"。进退效果在画面上可以造成空间感觉，是设计师常用的设计手段之一。

当然，不同的色彩可能表达出不同的心理情感或个性倾向。

1. 红色

红色象征着热情、喜庆、自信。在当今社会，红色能有效地刺激人们的食欲，如意大利面用红色酱进行搭配，红色的水果等（如草莓、樱桃、荔枝）。红色也能带来强烈的视觉冲击，是能快速吸引眼球的颜色，多有喜庆之意，如图3-6所示。因其强烈的视觉特性，红色有时也作为警示色，如交通红灯。

在人类性格色彩中，喜欢红色的人大多热情、有正义感、行动力强，富有魅力。

2. 橙色

橙色象征着快乐、积极、振奋。它是暖色系中最温暖的颜色，很容易使人联想到秋天的景象，是一种象征着快乐幸福和散发着自然气息的颜色，如图3-7所示。

橙色在空气中的穿透力仅次于红色。因其明视度高，常被作为标志色、宣传色和警示色，多用于广告、招牌和警示牌等。

在人类性格色彩中，喜欢橙色的人活动力强、精力充沛、开朗，但也有个别不善交际。

图 3-6

图 3-7

3. 黄色

黄色象征着活泼、聪明、温暖、尊贵。它是光感极强、明度极高的颜色，如图3-8所示。在传统的中国文化中，帝王多以黄色做服饰，象征着神圣、威严和地位。当然，黄色也是日常生活中的警示色之一。

在人类性格色彩中，喜欢黄色的人性格开朗外向，而且有着远大的理想。

4. 绿色

绿色象征自由、和平、健康，是光的三基色之一。在自然界中，植物为绿色居多，所以人们称绿色为"生命之色"。

近几年来，绿色原生态的主题居多，如图3-9所示，这家护肤品牌倡导"原生呵护，天然至美"，以绿色作为主色，蕴含了天然原生之意。由于绿色多用来代表大自然的颜色，一些色彩专家认为绿色能有效地缓解眼部疲劳，所以电脑桌面也多以绿色为主。

在人类性格色彩中，喜欢绿色的人比较稳重，平易近人，很注意与周围环境的调和。

图 3-8

图 3-9

5. 蓝色

蓝色象征着希望、理想、独立，是灵性、知性兼具的色彩。蓝色通常让人联想到宇宙、天空、大海等等，会使人产生一种爽朗、清凉、自由的感觉。作为冷色的代表色，蓝色受到了大多数人的喜爱，不论是服饰或者高科技产品，蓝色都能很好地表现出其独有的特点，如图3-10所示。

在人类性格色彩中，喜欢蓝色的人多沉着稳重，偶有忧郁的情感，很重视人与人之间的信赖关系。

6. 紫色

紫色象征着神秘、浪漫、高贵，它是一种非常特别的颜色。在中国传统中，紫色是尊贵、吉祥的象征，如北京故宫又称为"紫禁城"，亦有所谓的"紫气东来"。在西方，紫色亦代表尊贵，常作为贵族所用的颜色。在自然界中，紫色的光波最短，多由温暖的红色和冷静的蓝色混合而成。如图3-11所示，利用紫色为主色调，打造出梦幻浪漫的意境。

在人类性格色彩中，喜欢紫色的人浪漫、情感细腻、富有个性。紫色也代表了一种特殊的理想主义。

图 3-10

图 3-11

7. 白色

白色象征纯洁、善良。喜欢白色的人，大多有一颗温柔、善良的心，而且家庭观念很强，其中完美主义者居多。

8. 灰色

灰色象征沉静、优雅、寂寞。喜欢灰色的人多数以自我为中心，有时会显得优柔寡断，对他人依赖性强。

9. 黑色

黑色象征低调、权威、冷漠。喜欢黑色的人独立性强，有强烈的自我保护意识和改变现状的愿望。

大师点拨05：产品特性与色彩的关联性

产品色彩随时代改变显得越来越重要，成为影响盈利的重要因素。

在产品色彩选择上，与产品特征是密不可分的，如图3-12所示，可口可乐品牌使用的红色是红色系中相对偏冷的色彩，是在其产品特征兴奋、活力之外增添一种庄严。

除了在产品包装上，网店界面设计及广告色彩使用也应与产品特征相互呼应，增强品牌的视觉效果。如图3-13所示，骆驼男装专注精英人群，崇尚自由与野性，因此产品色彩通常与户外运

图 3-12　　　　　　　　　　　　　　　　图 3-13

动"越野""探险"有关。

　　发挥产品特性的优势,并以此为色彩基调进行设计,相互关联;其根本目的就是要在现今的市场环境中脱颖而出,提升视觉效果,为企业带来经济效益。

大师点拨 06:冷暖色、对比色、互补色的科学搭配

　　色彩通过视觉辨识,能影响人们的情绪,在图片设计中,大多时候需要颜色相互搭配凸显层次感。色彩搭配方式有很多种,常见的搭配方式有单色搭配、近似色搭配、互补色搭配、对比色搭配等,如图 3-14 所示。

图 3-14

　　在整体配色比例上建议根据个人喜好适当调整,以"73-82"配色方案做参考,即画面中 70% 为底色部分,决定画面的大体风格。30% 为主色调部分,决定产品主体配色,其中主色调部分 80% 配色统一,20% 使用强调色,利用与主色调对比或互补突出重点。各主要色彩搭配效果如图 3-15 所示。

图 3-15

3.2 文字

网页设计作为一种视觉语言，是当今社会重要的传媒手段。网页离不开文字，如果文字的字体、编排方式之间缺乏协调性，则会在一定程度上，产生视觉上的混乱。

当一个网页设计给你留下美好的印象时，它一定是图文并茂且版面优美。这不仅归功于语言的恰当表达，而且展现了文字排版设计的魅力，使作品的思想性和艺术性达到和谐的统一。

3.2.1 常见的字体风格

网店装修需要根据店面主题、产品特点等来设计排版，文字也是如此。文字会根据不同设计主题进行变换更改。设计的主题不同，字体风格也不同。

网店设计中常见的字体风格有两种。

1. 无衬线字体

指从字符笔画开始到结束的地方为止，无额外的装饰，且笔画粗细大致统一的字体。

（1）Arial

微软公司的网页核心字体之一，该字体应用广泛但有一个缺点：大写的 I 字母和小写的 L 字母很难区分。另外，字号较小的情况下，由于字符间的默认空间较小，效果会比较差，如图 3-16 所示。

（2）Verdana

该字体可读性非常强，尤其在小字上仍然能够保持结构清晰端正、阅读辨识容易，在小号字体中的运用效果非常好。因而在 1996 年推出后，迅速成为许多领域所钟爱的标准字型之一，如图 3-17 所示。

（3）Impact

该字体也是无衬线字体，以特粗的笔画、紧缩的间距以及狭窄内部空间为特点。正如其名 impact（压紧）所指，此字型高且大，几乎接近大写字母的三分之二。因为字体较为粗犷，常使用在标题上，而不常用在内文，如图 3-18 所示。

（4）黑体

黑体是常用的无衬线字体之一，虽然无衬线，但是如果仔细研究黑体的笔画，会发现它的笔画不是均匀的粗细，笔画外端有意识地放大，也可以说是一种伪衬线字体。方块的笔画边缘比圆滑的笔画边缘更易于识别，增强了可阅读性，因此成为广告和海报中最常用的字体，如图 3-19 所示。

Arial
ARIAL

图 3-16

Verdana

图 3-17

Impact

图 3-18

黑体

图 3-19

Georgia

图 3-20

Times New Roman	三号
Times New Roman	小三
Times New Roman	四号
Times New Roman	小四
Times New Roman	五号
Times New Roman	小五

图 3-21

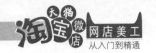

2. 衬线字体

衬线字体指从字的笔画开始到结束的地方为止，有额外的装饰，而且笔画的粗细会有变化的字体。

（1）Georgia

该字体是为屏幕显示而生，在屏幕上，它的斜体表现非常棒，清晰易读，可用性好。在 web 设计中广受欢迎，如图 3-20 所示。

（2）Times New Roman

该字体是最常用的衬线字体，是网站浏览器默认的字体，由于其中规中矩、四平八稳的经典外观，常被选为标准字体之一。

但是，该字体对于 12 磅（小四）以上的字体容易阅读，对于更小字号的字体，越小易读性越差，如图 3-21 所示。

（3）Palatino

帕拉提诺体是一种常见的英文字体，它是基于文艺复兴而设计的人文主义字体，可以看出从羽毛笔进化来的痕迹，并富于运笔的韵律美。该字体增加了字体长度，竖线的粗细几乎不变，直线衬线较多，字母 Q 等笔画富有明显特征，具有独特的优雅气息，如图 3-22 所示。

（4）宋体

宋体，是为适应印刷术而出现的一种汉字字体。笔画有粗细变化，一般是横细竖粗，末端有装饰部分，点、撇、捺、钩等笔画有尖端，属于衬线字体，常用于书籍、杂志、报纸印刷的正文排版，如图 3-23 所示。

Q Palatino

图 3-22

宋体

图 3-23

3.2.2 了解文字的编排规则

文字的编排规则，可分为内容可读性、位置合理性、设计创造性三大部分。

1. 内容可读性表现

（1）合适的字体

在视觉媒体中，文字的编排直接影响了版面的视觉传达效果。合适的字体必须满足整个版面的设计需求和整体风格的搭配，合适的容易辨别的字体，能有效地传达主题理念。如图 3-24 所示，背景为立体的棱角分明的图形，所以在选择字体时，要注意风格统一。

（2）字号设置

通常，设计师会采用不同的字号来区分活动主题、时间和详情等，字号的设置能清楚地表现版面的信息层级，利于阅读者第一时间获取重要信息，如图 3-25 所示。

图 3-24

图 3-25

（3）文字间距

文字间距指文字内容中，文字与文字、文字与字母或者字母与字母之间的间隔。不同间距呈现的效果是不同的，如图 3-26 所示，图左为正常字距的效果，图右为间距变大后的效果，变大后版面稀疏不紧凑。

图 3-26

所以，文字设计必须考虑视觉舒适度，要注意控制文字间距，间距过大会显得版面稀疏，但是间距过小，识别起来会尤其困难。

（4）文字行距

当版面中的文字数量达到一定的量时，"行距"的概念就出现了，行距指多行文字中行与行之间的距离。为了保证读者的顺利阅读，保持适当的行距是文字编排的重点，通常行距要大于字距，如图 3-27 所示。

（5）字体之间的搭配

一个版面中，可能会用到多种字体。多式多样的字体，不仅能促使版面排列更加丰富，而且能增加层次关系的清晰度。合适的字体搭配是版面设计成功的重要因素之一，如图 3-28 所示。

图 3-27   图 3-28

（6）语义断句

在版面设计中，语义断句是重要规则之一，合理断句能帮助阅读者阅读和理解。相反，不合理的断句会扰乱读者思维，甚至引发歧义。

2. 位置合理性表现

在视觉传达的过程中，文字作为画面的形象要素之一，具有传达感情的功能，因而它必须具有视觉上的美感和合理性。文案的编排是将文字的多种信息组织成一个整体的形，其目的是使其层次清晰、有

图 3-29

条理、富于整体感。

将文字编排于不同的位置,会使整体的设计有不同的效果。如图 3-29 所示,文字编排前要考虑到整个版面排版,要符合整体设计要求,不能有视觉上的冲突或容易引起视觉混乱的编排。

3. 设计创造性表现

根据产品的主题要求,突出渲染文字的个性色彩,创造独具特色的表现形式,增强视觉冲击力,更有利于设计理念的体现。设计创造时,应从字的形态特征与组合上进行探究,大胆设计,大胆想象与创造,这样才能设计出富有个性的文字,使其外部形态和设计格调都能唤起人们的共鸣。

3.2.3 字体的正确选择

字体决定了店铺产品的大体气质。所以,在选择或设计字体时,除了要考虑其易读性,也要考虑字体是否能准确地传递给用户属于本产品的独特气质。

优秀的字体能在读者理解句意之前,就通过字形与笔画风格将情感传达给读者,所谓"未成曲调先有情",传情达意正是字体设计的意义所在。

下面我们来看看几款字体的性格特点。

1. 男性字体

性格特点:硬朗、成熟、稳重、大气。

男性字体一般选用字体较粗的黑体类或有棱角类的字体,大小、粗细搭配,有主有次,如图 3-30 所示。

图 3-30

2. 女性字体

性格特点:柔软、可爱、气质、时尚。

女性字体一般选用纤细、秀美、线条流畅,字形有粗细等细节变化的字体。因为衬线字体天生具有衬线这种可装饰性元素,因此很多女性化风格的字体会选用衬线字体,并以此为基础进行设计变换,如图 3-31 所示。

图 3-31

3. 促销型字体

性格特点：字大、显眼、变形、特效。

促销型字体一般选用笔画较粗的字体，如方正粗黑、方正谭黑、造字工房力黑等。通常伴有相对显眼的特效，可以使用产品中某些元素和文字进行创意性的结合，如图3-32所示。

4. 文艺、民族风字体

性格特点：优美、复古、雅致。

文艺、民族风的字体一般选用笔画较细、字体较小或者毛笔类型的字体，如图3-33所示。一般采用竖向排版，体现浓浓的文艺、民族风。

图 3-32

图 3-33

3.2.4 字体的创意设计

字体的创意设计，首先是基础变形；其次可以运用重叠、替换、透视等增加视觉效果；最后还可以考虑位置变化、大小间距变化、拼音和汉字穿插变化等，使字体更生动形象，更具感染力，为画面带来更强的视觉冲击力。下面以黑体为例介绍。

1. 基础变形

基础变形指字体的变粗、变细、变长、变宽、倾斜、扭曲以及笔画加长或收缩等，如图3-34所示。

2. 叠加

叠加是将笔画互相重叠或将字与字、字与图形相互重叠的表现手法。它

图 3-34

能使图形产生空间感，通过叠加处理的实行和虚行，增加设计的内涵，以其巧妙的组合，丰富字体形象，如图3-35所示。

3. 替换

替换是指在统一形态的文字中，加入不同的图形或文字元素。其本质是根据文字的内容，用某一形象替代字体的某一部分或某一笔画。通常是把一个字或多个字的一笔或多笔换个图形，这样将文字的局部替换，使文字内涵外露，在形象和感官上增加了艺术感染力，如图3-36所示。

图 3-35　　　　　　　　　　图 3-36

4. 共用和连笔

共用和连笔是文字图形化创意设计中广泛运用的一种形式。文字的线条有着强烈的构成性，可以从构成角度来找到可共同利用的条件进行设计。共用通常是将两笔合并为一笔，连笔通常是将两笔恰当地连接起来，实现设计效果，如图3-37所示。

5. 断肢

把一些封合包围的字，适当的断开一口，如左边断一截或者右边去一截，能达到意想不到的视觉效果。当然，必须保证在能正确识别文字的情况下适当断肢。如图3-38所示，通过断开部分笔画，体现了字体的创意设计，同时能轻易认出文字为"失眠"。

图 3-37　　　　　　　　　　图 3-38

6. 错位摆放

错位指把2个字或者多个字上下左右，错落有致地排列，让文字多变排版设计的同时，还能增加字体的韵律感，如图3-39所示。

7. 利用图层样式及混合模式

利用好图层样式或混合模式，如适当的描边、颜色渐变叠加等效果，必要时可为文字增加倒影使其更有冲击力，如图3-40所示。

图 3-39

图 3-40

大师点拨07：文案真的很重要

店铺装修设计负责商品与顾客之间的"沟通"，将商品"形式"转化为可视化"内容"，文案充当了重要角色。试想一下，对于商品宣传图，即使设计再优美，配上不走心的文案，势必会让顾客购买兴趣降低不少。如图3-41所示，用销量"说话"也是挺不错的方式，可以看到尽管图片背景颜色不如图3-42吸引眼球的情况下，点击热度依旧高出不少。

图 3-41

图 3-42

在淘宝店铺中主要有三种不同类型的文案，下面一一介绍。

① 推广图文：讲究一目了然，要让顾客在0.4秒内对图片产生点击的欲望，可以是节日促销、活动主图、高到没边际的销量或低到没朋友的价格等。

② 详情页文案：要求文字不能太多，讲究层次由简入深，主要是针对商品的描述，要让顾客充分了解该商品的所有信息及用途或者带来的效果。

③品牌文案：针对品牌定位及情感营销撰写的文案，感情丰富细腻，能引起顾客的信赖感。

如下图 3-43 所示，两款无论版型还是价格都非常接近的毛衣外套，其月销量有天壤之别。对比两款商品详情页，左图销量高的产品详情页有适当的文案介绍及细节展示，而右图除商品尺码外仅有模特展示图片，忽略文案对顾客迅速了解商品的重要性是不明智的。

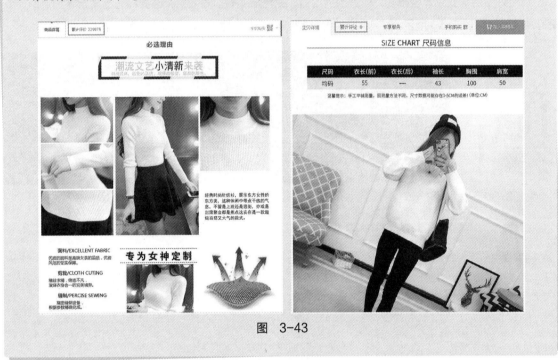

图 3-43

3.3 版式布局

网页设计视觉传达有一定的意图和要求，有一个明确的主题，并按照网页设计视觉心理规律和形式将主题主动地传达给读者。诉求的目的，是使设计主题在适当的环境里被人们及时地理解和接受，以满足人们的实用和需求，要求视觉设计不但要单纯、简练、清晰和精确，而且在强调艺术性的同时，更应该注重透过独特的风格和强烈的网页设计视觉冲击力，来鲜明地突出设计的主题。

3.3.1 版式设计的形式法则

1. 求取整体：单纯与秩序

单纯指进入版面的图形和文案元素要简单，才能使浏览者简单明了地掌握视觉传达的核心。秩序指版面编排要简明，简练的排版能塑造整体连接性，整体性越强，视觉冲击力越大。

在实际设计中，版面的图形和文案的多寡不以设计者的意志为转移。所以通常采用交叉的方法，以求达到良好的视觉效应，即前简后繁，前繁后简，如图 3-44 所示。

图 3-44

2. 强调效应：对比与调和

对比是人们感知世界的认知方法，调和是人们在生理与心理中的平衡需求。

在版式设计中，对比主要是主次对比、大小对比、色彩对比、虚实对比等，是让设计清晰鲜明，提高整体认知度的方式。调和指在对比的同时追求和谐，好的设计需要对比寻求差异性，更需要调和寻求共通性。对比与调和相互依靠，缺一不可，如图 3-45 所示。

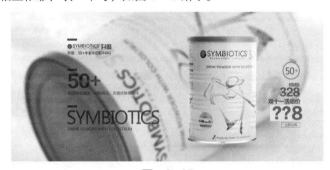

图 3-45

3. 稳定因素：对称与均衡

对称与均衡指以版面为中心，各个方向的形态相同而形成的宁静状态，它们是一对统一体。其可以分为：绝对对称均衡和非绝对对称均衡。绝对对称均衡给人以庄重之感，非绝对对称均衡指左右版面等量不等形，比绝对对称均衡更具有灵动性，是常用的版式设计方式，如图 3-46 所示。

图 3-46

4. 情调悦意：节奏与韵律

节奏是指有规律的重复，韵律是指通过节奏的重复产生的情感表达。在版面设计中，图文、色彩等元素组织在一起合乎情理或者事实规律的节奏感，即是韵律，如图3-47所示。

图 3-47

5. 主次陈述：虚实与强弱

在版面设计中，"虚"是"实"的衬托，为了突出图片中的"实"，通过"虚化"、减少背景占比等方式使主体得到更好的展现。"强"与"弱"是同样的道理，利用虚实和强弱对比，能增强版式的生动性和主体性，如图3-48所示。

图 3-48

3.3.2 版式布局中图片的处理

1. 图片的构图与裁切

当觉得图片不符合心意的时候，我们大多会利用裁剪去重新构图，让图片更顺眼，或者趣味重点更清晰。构图的重心是主题明确，合理地进行明暗对比和色彩对比。构图不仅要追求设计的新颖，而且要考虑浏览者的视觉重点和信息索取点。

（1）传统比例裁切

传统的裁切比例通常为Photoshop软件中固定长宽的比例，如1∶1、4∶5、16∶9等。人眼看得最舒适合意的就是这些比例，按照比例裁剪，可以更突出原本的主体，甚至把主体转移。如果是不恰当的裁切比例不仅不会让裁切特别，反而会让裁切变得怪异。

（2）成像前预留空间

在图片成像时，可以在主体的四周预留出足够的空间，用作剪裁并重新构图。预留的空间越多，剪裁时候的灵活性就越高。但是，值得注意的是，如果主体太远或者预留的空间太多，那么裁切出来的像素就越少，照片便难以放大打印，会使用的范畴变得越少。

所以，在图片成像前，需要灵活地选取像素的平衡，或者拍摄多张不同焦距的照片，方便剪裁。

（3）巧用裁切避开问题

有时候，图片是以超广角镜头拍摄，或者以大光圈拍摄，这样就容易存在四角失光的状况，此时巧妙地裁切边位，能有效修正失光状况。另外，如果有额外的人或物入镜时，裁切能把这些都从画面上去掉，让照片更干净，观感更好。

2. 图片的色彩处理

图片的色彩处理就是通常所说的调色处理，在 Photoshop 软件中，可以单击菜单栏中"图像→调整"命令来调节，如图 3-49 所示。并不是所有的命令在同一图片中都会用到，我们需要通过学习各命令的作用来选择恰当的调色方式，下面介绍几种常用的调色命令。

① "亮度/对比度"命令，常用于调整偏亮或偏暗的图片，如图 3-50 所示。

② "色阶"命令，快捷键为【Ctrl+L】，常用于调整图片的明（亮）度、暗（黑）度。如果需要将图片的颜色恢复到原始样子，可直接点击预设：默认值即可，如图 3-51 所示。

图 3-49

图 3-50

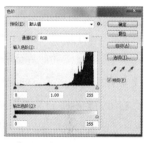
图 3-51

③ "曲线"命令，快捷键为【Ctrl+M】，作用是将图片调亮或调暗。根据曲线调节的形状不同，调整的颜色明暗就不同，如图 3-52 所示。

④ "色相/饱和度"命令，快捷键为【Ctrl+U】，作用是对图片调整需要的颜色，颜色较多。也可以针对图片中的某一种颜色进行选色调整，如图 3-53 所示。

⑤ "色彩平衡"命令，快捷键为【Ctrl+B】，作用是对图片调整已存在的颜色样式，如图 3-54 所示。

⑥ "去色"命令，快捷键为【Ctrl+Shift+U】，作用是将图片的色彩转化为灰度并用黑、白、灰色来表现，如图 3-55 所示。

⑦ "反相"命令，快捷键为【Ctrl+I】，作用是将图片所有颜色取相反色处理成负片效果。在 RGB 模式下，图片上每个像素都用 "0~255" 这 256 个亮度级别来显示，执行 "反相" 命令后的颜色值就是用 "255" 减去原来的颜色值得到的，如图 3--56 所示。

图 3-52

图 3-53

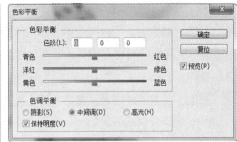
图 3-54

图 3-55

图 3-56

3.3.3 了解版式布局中的视觉流程

1. 流动顺序

① 当视觉信息具有较强的视觉刺激效果时，就容易产生视觉感知，从而吸引视觉关注。

② 当人们关注某种信息后，视觉信息已经在形态和构成上形成了差异性。然后按照视觉物象的构成要素，按由强到弱顺序进行流动，接收更多的信息。

③ 视线流动顺序会根据不同的生理和心理影响变化。由于眼睛水平运动比垂直运动快，所以人们通常会先注意水平方向物体，然后是垂直方向。人的眼睛对于画面，左上方的视觉观察力优于右上方，而右下方的观察力又优于左下方。所以，广告设计一般将重要的要素安排在左上方或者右下方。

④ 人们的视觉运动具有很强的自主选择性，人们通常会选择感兴趣的事物进行关注，而忽略其他。优秀的版式布局能在组合各种不同元素的同时，引导人们视线的转移，突出重要的元素。

2. 视觉流程类型

（1）单向视觉流程

单向视觉流程可以分为直线视觉流程和曲线视觉流程。

① 直线视觉流程的页面，流动更简明，直接表达主题，有简洁而强烈的视觉效果。它表现为以下 3 种形式：

• 竖向视觉流程—坚定、直观；

• 横向视觉流程—稳定、恬静；

• 斜向视觉流程—以不稳定的动态引起注意。

② 曲线视觉流程，由视觉要素随弧线或回旋线运动形成。曲线流程的形式微妙而复杂，不如直线直接简明，但更具韵味和曲线美，它主要表现为弧线形"C"和回旋形"S"，弧线形具有扩张和方向感，回旋形是两个相反的弧线产生，在平面中增加深度和动感。

（2）反复视觉流程

以相同或相似的视觉要素做规律的反复运动，给人以安定、有序之感。

（3）导向视觉流程

通过诱导元素，主动引导读者视线沿一定方向顺序运动，由主及次，把画面的构成要素依序串联起来，形成一个有机整体。使重点突出、条理清晰，发挥最大的信息传达功能。

（4）重心视觉流程

重心是视觉心理的重心。可理解为：

第一，以强烈的形象或文字独居页面某个部位或完全充斥整版；

第二，视觉元素向版面中心聚拢；

第三，视觉元素向外扩散。

重心的诱导能使主题更鲜明、更突出。

（5）散点视觉流程

指页面图与图、图与文字间呈现自由分散状态的编排。强调自由性和动感，这正是页面刻意追求的轻松随意与慢节奏。

3.3.4 版式布局中的对齐方式

1. 左对齐

左对齐是最常用的、最基本的对齐方式，这种以主线为基准左对齐的方法十分便于阅读，是指读者在这一行读完之后视线返回下一行同一位置的方式，如图3-57所示。左对齐的特点是便于阅读，又富有美感。通常，宣传册、杂志、海报等都会采用左对齐的方法。

2. 居中对齐

居中对齐是排版技法中最传统的对齐方式，即让整体的设计要素处于版面中部，如图3-58所示。居中对齐的特点是使画面看起来均匀整齐，让人感觉到有品味、风格独特。通常，广告、展览会海报或封面等常用居中对齐。

3. 对称对齐

对称主要分为点对称和轴对称，我们所说的对称一般指轴对称，指根据某一轴成对称状的对齐方式。

图 3-57　　　　　　　　　　　　　图 3-58

点对称是以一个点为中心的对称方式，如图3-59所示。

4. 右对齐

四种对齐方式中，右对齐是沿着基准线将文章结尾和照片右侧对齐的一种方式。因其对齐方式朗读起来较困难，所以在版式布局中使用较少，如图3-60所示。

图 3-59

图 3-60

大师点拨08：版式布局中点、线、面

版式布局中的点、线、面均遵循一定的规律，从而构成设计美感。下面主要从以下7个方面进行详细了解。

1. 点、线、面相结合

在版式布局中，点、线、面三者组合的方式不同，就能产生不同的版式效果。优秀的版式布局是通过各元素的组合来简化版面内容，最后建立鲜明的秩序感。如图3-61所示，通过将文字和图片的组合将版面分成了几大块，蓝色块留白，即虚空间；红色块排版文字和图片，并且将同类的文字元素紧密且整齐地排列在一起，图片部分利用虚实对比有效地结合起来，整体看来形成了秩序美。

2. 利用四边，扩大版面

通常由于版面的设置，版式布局会存在一定的局限性，要想布局发散开来，让人有丰富的想象空间，可以利用页面的四边进行设计。这种方式对于图形的设计很重要，当页面的任意元素已经接近边缘时，虚空间就会放大。如图3-62所示，图形边缘露出了数字的一部分，但是给人的感觉是整个画面被放大了，同时视觉的扩大也让页面显得更为大气、充实。

3. 利用四个焦点

当一个矩形或者正方形被水平或者垂直地分成3份后，结构中的4个点就变成了最吸引人的四大焦点，设计师可以通过利用这4个点来进行合理布局。

如图3-63所示是食品网站的版面设计，利用4个焦点来设计出版面，商品的信息框是整个画面最关键的内容，将其放在了页面的交接点，让重点信息更为突出。

  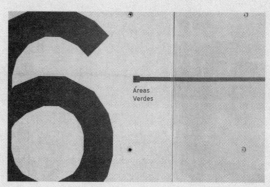

图 3-61　　　　　　　　　　　　　　图 3-62

4. 利用交错、重叠

点线面元素的重复构成是为了让设计显得更加整齐有序，但重复构成的视觉感受有时会更加容易显得呆板、平淡和缺乏趣味性的变化，所以在版面布局中可以适当地利用交错和重叠，来打破版面呆板、平淡和缺乏趣味的格局。

如图 3-64 所示，利用字体形状、颜色的重叠让版面产生更加丰富的色彩，或者利用交错来让画面看起来更有层次感。

图 3-63　　　　　　　　　　　　　　图 3-64

5. 增加对比，产生视觉冲击

对比是版面设计中最常用的手法之一，不管是字与字、字与形或者形与形之间，对比都无处不在，它可以通过颜色、大小、长短、疏密、虚实等方式进行。

如图 3-65 所示，将多重对比关系交织在一起，通过绿色和红色的文字进行对比，文字的长短疏密进行对比，黄色线条和红色背景的对比等，增加了视觉冲击力。

6. 融入"变异"元素

同质中的不同，即变异元素。在同质元素充满屏幕时，难免乏味、平淡而难有视觉冲击力，那么想要快速打破这种格局的方法就是将某个元素进行变异处理。

如图 3-66 所示，在整个立体空间中，将多个类似的正方体中插入了长方体，所以长方体就是变异元素，它能活跃页面，并突出焦点，从而更加容易被记住。

图 3-65

图 3-66

7. 敢于留白，也要慎于留白

留白好比音乐中的休止符，它不仅能引发听众的联想，更能起到戏剧般的效果。如果敢于运用留白，不仅能达到一种更好的信息传达，而且能从精神层面引起观众的共鸣，这就是它独特的魅力所在。

如图 3-67 所示，iOS 7 系统的界面设计就采用了留白的方式来处理信息之间的层级关系，极细的线在界面中显得尤其的精致，界面中点、线、面元素的合理排列，充分体现了设计师的匠心所在。

图 3-67

大师点拨 09：常见设计配色的工具应用

在设计工作中，首要的视觉突击点就是颜色。颜色反映了设计的整体感觉，有时可以单凭一个颜色就能调动一个人的情感甚至回忆。如果不能掌握色彩理论的基础知识，可能会在日常工作和生活中忽略很多细节。

颜色配搭并不是一件偶然的事，这是一项很科学的工作。不同的颜色组合适合不同的商品，而且这种类似的固定搭配并不能轻易打破。在设计的时候，你是否也常为色彩搭配而苦恼？下面介绍 4 个好用的常见设计配色的工具。

1. Kuler

Kuler 是 Adobe 公司推出的免费在线配色工具，用户可以通过色轮（color wheel）或者浏览其他用户创建的配色方案，来创建自己喜欢的配色。目前是最受欢迎的配色小工具之一，网站功能十分强大，不仅能提供免费的色彩主题，还可以在任何作品上使用，不会有版权问题。在 Kuler 网站上，可以学习到如何发现颜色群，可以用这些颜色创建一个色彩主题并分享它等，如图 3-68 所示。

2. COLOURlovers

COLOURlovers（色彩恋人 or 色彩爱好者）是以色彩为主题的专业性社交分享网站，除了提供眼花缭乱的页面色彩搭配方案外，还把 DIY 的原理运用于其中，让精彩的配色不会随着时间的流逝而被遗忘。这里有来自世界各地的设计师创造并分享他们自己的配色方案，从这里获取灵感。

同时，COLOURlovers 有提供色彩搜索的功能，输入想要的色彩形容词，例如 sweet，就会跑出关于 sweet 的色盘供人选择。在"Browse"中，还有颜色、印象选项可以让人选择，送出查询之后会传回色块排列，然后将色系有序地做整理，如图 3-69 所示。

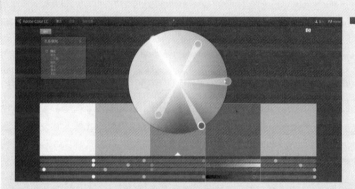

图　3-68

图　3-69

3. Pictaculous

Pictaculous（在线照片色彩分析工具）是一个可以帮助用户分析设计师所提供的图片颜色的工具，可能会被用于设计或制作图片。只需要通过浏览器把照片上传到该网站即可将图片转化为调色板，还能够将色系文档下载到本地使用。它主要为了将图片上传后远程分析图片中所使用到的色彩分布，同时会通过 Kuler 和 COLOURlovers 来提供配色建议，从而让我们运用这些色系的时候更加灵活，如图 3-70 所示。

4. Color Scheme Designer

Color Scheme Designer（色彩搭配师）是一个免费的网络调色工具，不需注册就可使用，主要通过色环的方式进行颜色选择，可加上 6 种不同的配色，从而更容易调出令人赏心悦目的配色，它可以通过色相、互补色、类似色等规划出完美的配色，并且除了英文版还有中文版可供大家使用。

其工具界面主要由 2 部分构成，如图 3-71 所示，左侧颜色设置区域的上半部分可以设置颜色搭配种类：单色、互补色、三角形搭配等；下半部分是调整色相的颜色环，在"配色方案调节"中可以调整饱和度等参数。右侧颜色显示区域，是根据左侧选择的色相、饱和度和明度显示出配置后的主色和辅助色，通过下面的菜单栏还可以查看高明度网页和低明度网页的演示。

图 3-70

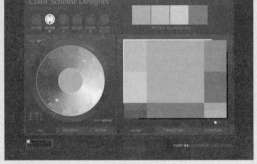

图 3-71

本 章 小 结

　　本章详细地介绍了网页设计的三大元素，随着这三种元素在平面设计中的广泛运用，设计中需要协调好三种元素之间的关系。并结合产品的实际运用，进行良好的设计，实现预期的设计效果。在实际运用中，设计师一定要对产品具有整体的构思，合理运用这三种元素，对人们的视觉与思想产生冲击，充分表达作品的主题与特质。

第 2 篇

淘宝、天猫网店设计篇

淘宝、天猫网店作为交易场所,其设计核心就是促进交易的进行。网店设计能有效地树立店铺形象,增强客户信赖感,从而提高成交量。让顾客放心满意地购买店铺商品,不仅证明了设计本身的成功,而且体现了视觉设计的魅力。

淘宝、天猫店铺模块化设计

本章导读

许多商家在了解了开店的流程和确定好货源之后，便开始着手网店的装修设计。但在店铺装修之前需要了解整个首页的布局方式，首页上出现的所有图像和文字及其作用和联系。

因此，本章主要把出现在店铺首页的"功能性"模块一一拆分出来进行讲解，所讲的"功能性"大多是我们自己设计出来的，而实际上在店铺后台装修模块并未完全按此进行划分。

知识要点

- 个性化 Logo 设计
- 个性化店招设计
- 店铺收藏、关注、广告栏的设计
- 宝贝分类模块设计
- 导航、客服模块设计

4.1 个性化 Logo 设计

网店标志承载着网店的无形资产,是网店综合信息传递的媒介,在形象传递过程中,也是应用最广泛、出现频率最高的元素。它将店铺的定位、模式、产品类别和服务特点涵盖其中。

当前,很多店铺忽略了自己的标志设计,如果 Logo 固定位置的标志和 Banner 的标志不统一,往往会给人以店铺不正规和不成熟的印象。Logo 代表着特定的形象,一个独一无二、有创意的 Logo 便于客户在茫茫店铺中记住店铺。

Logo 主要有三种形式:

① 字体 Logo,基于文字变形;
② 具象 Logo,使用直接与公司类型相关的图形(如服装店用衣服作为 Logo);
③ 抽象 Logo,图形与公司类型并无明显联系,更多基于一种感觉或情绪。

4.1.1 Logo 设计的基本要求

1. 简单

以耐克的标志为例,如图 4-1 所示,Logo 上并没有标题或品牌的名称,通过品牌经营及多年形象传播,大多数人能轻易地识别出它就是耐克。简单的设计并没有降低其品牌识别度,反而增强了传播性。

2. 灵活

灵活性能很好地让 Logo 设计流行起来,呆板的 Logo 设计,意味着没有改进或创新的余地。如果设计的 Logo 在海报上看起来很赞,但是印在衣服上却惨不忍睹,那它永远不会流行。当然,Logo 也不能太依赖于配色方案,一个 Logo 应该无论多彩还是黑白色,都是美观的。以苹果公司的标志为例,如图 4-2 所示,这是设计灵活性最好的例子。

图 4-1　　　　　　　　　　图 4-2

3. 独特、有意义

如何让 Logo 突出地成为品牌的身份标识？就是唯一识别性。

每个 Logo 都在诉说一个故事，如果单纯地把 Logo 当作艺术品或由线条、文字组成的图案，就无法解开 Logo 背后更深层次的含义。理想情况下，一个好的 Logo 会讲两个故事：一个表面的故事，一个隐藏的故事。说到有意义，以丰田的标志为例，如图 4-3 所示。

图 4-3

此 Logo 是三个独特的椭圆形以及奇特的"T"字组成，这三个椭圆形，每个有它自己的意义。中心的两个椭圆形（重叠）代表公司与客户之间的信心和信任，而外层（包围）的椭圆形代表了丰田的全球扩张计划，留白的空间补充外围的椭圆，表达本公司无限延伸。整体 Logo 放在一起，是一个方向盘形状，是汽车的象征。

总体来说，Logo 设计的基本要求为以下 4 点。

① 必须充分考虑可行性，针对其应用形式、材料采取不同的设计方式。同时，还需注意其应用于各传播方式的缩放效果。

② Logo 要足够简单大气、容易辨认，适当利用图形来提高品牌辨识度。

③ 构思要新颖独特，表意准确，色彩搭配要单纯、强烈、醒目。

④ Logo 设计要符合作用对象的直观接受能力、审美意识、社会心理和禁忌。

当应用于淘宝平台时，建议 Logo 的尺寸为 80px×80px，图片格式为 GIF/JPG/PNG 文件，大小在 80KB 以内。

4.1.2 设计静态 Logo

好的 Logo 是有力的，无论它包含了图形或者只是纯文字，都有它特定的力量，使其引人注目。Logo 需要成为品牌的支撑，还要能传达出公司的核心信息，传播公司所信仰的质量、技术与价值观。

因淘宝平台只需上传"位图"格式 Logo，可以使用 Photoshop 软件进行设计。如果有需要设计"矢量图"格式 Logo，可尝试使用与 Photoshop 软件同为 Adobe 公司开发的 Illustrator 软件或 Corel 公司开发的 CorelDRAW 软件。

下面主要讲解利用 Photoshop 软件设计如图 4-4 所示的 Logo，具体的操作步骤如下。

第1步 打开 Photoshop 软件，单击菜单栏"文件"→"新建"命令新建文档，快捷键为【Ctrl+N】，如图 4-5 所示。

第2步 为方便显示，此时设置参数为："宽度"为 400 像素，"高度"为 400 像素，"分辨率"为 72 像素/英寸，"颜色模式"为 RGB 颜色模式，"背景内容"为透明，如图 4-6 所示，设置完成单击"确定"按钮，当然在实际操作时参数根据需要设置合适即可。

图 4-4

图 4-5

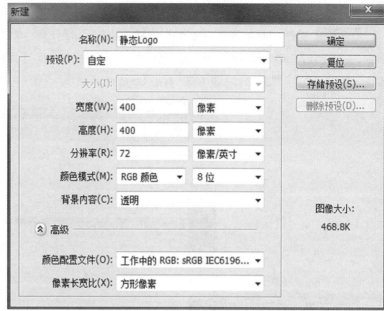

图 4-6

注意：在实际应用中，若使用"位图"软件设计图片，建议将其画布设置大一些以适应更多不同尺寸的使用需求。

第3步 选择工具栏"文字"工具 T，在画布中单击即可输入大写字母"F"，如图 4-7 所示。此时的字体会有差异，选中字母 F 可直接在属性栏中设置字体为"Embassy BT"，字号为 200 点，确定颜色为黑色，色号"#000000"，消除锯齿的方法为浑厚，如图 4-8 所示。设置完成后单击 按钮确定，效果如图 4-9 所示。

注意：此 Logo 为文字型，所以设计前应提前下载好所需字体，以便使用。

第4步 与第3步类似，首先输入大写字母"S"，此时最好是单击离"F"稍远的地方进行输入，让"F"和"S"独立开来方便后续排版；然后设置字体为"Aparajita"，字号为 150 点，颜色为黑色，消除锯齿的方法为浑厚；排版后最后效果如图 4-10 所示。

图 4-7　　　　　　　　　图 4-9　　　　　　　　　图 4-10

图 4-8

第5步 保存。Logo 通常存储为 PNG 格式以方便以后使用。单击菜单栏"文件"→"存储为(A)..."命令,快捷键为【Ctrl+Shift+S】,在弹出对话框中选择文件保存类型为"PNG"格式即可,如图 4-11 所示,最终效果见"光盘\结果文件\第 4 章\静态 Logo.psd"。

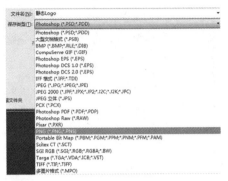

图 4-11

4.1.3 设计动态 Logo

以如图 4-12 所示的测试 Logo 为例,学习其设计制作方法效果,其动态变化为:背景由"白"变"黑"的同时,文字由"黑"变"白"。

第1步 打开 Photoshop 软件,单击菜单栏"文件"→"新建（N）..."命令新建文档;设置参数为:"宽度"为 400 像素,"高度"为 300 像素,"分辨率"为 72 像素/英寸,"颜色模式"为 RGB 颜色模式,"背景内容"为白色,如图 4-13 所示。

图 4-12　　　　　　　　　　　　　　图 4-13

第2步 选择工具栏"文字"工具，在画布中输入"Text"文字,选用"Impact"字体,调整字号为 150 点（可根据需要自行设置）,将颜色填充为黑色,如图 4-14 所示。单击✓确定后效果如图 4-15 所示。

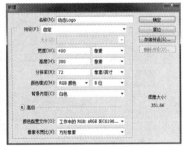

图 4-14　　　　　　　　　　　　　　图 4-15

第3步 按快捷键【Ctrl+Shift+Alt+N】新建图层,此时要将图层变为黑色,需先在"英文状态"下单击键盘上的 D 键将软件的前景色变为黑色,背景色变为白色，利用直接填充前景色的方式（快捷键【Alt+Del】）将图层填充为黑色，如图 4-16 所示。

第 4 步 单击 Text 图层利用快捷键【Ctrl+J】复制该图层，然后将复制后的"Text 拷贝"图层放置于"图层 1"的上方，如图 4-17 所示。

图 4-16　　　　　　　　　　　　图 4-17

第 5 步 将"Text 拷贝"图层填充为白色，填充方式可选择鼠标右击该图层，选择"混合选项"→"颜色叠加"按钮进行填充，如图 4-18 所示。填充后的效果图如图 4-19 所示。

图 4-18　　　　　　　　　　　　图 4-19

第 6 步 创建帧动画。打开菜单栏"窗口"→"时间轴"命令，显示界面如图 4-20 所示。

第 7 步 点击"创建帧动画"，进入如图 4-21 所示界面。

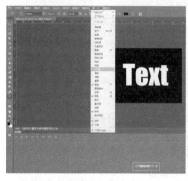 

图 4-20　　　　　　　　　　　　图 4-21

第 8 步 单击"复制所选帧" 按钮，复制 1 个帧，此时 2 个帧均为黑底白字，如图 4-22 所示。因为此 Logo 动向是由白底黑字变为黑底白字，所以需将第 1 帧设置为白底黑字。

第 9 步 首先将鼠标单击在第 1 帧上，然后关闭图层"Text 拷贝"和"图层 1"前面的眼睛，即隐藏图层，如图 4-23 所示；其次将鼠标点击在第 2 帧上，打开图层"Text 拷贝"和"图层 1"的眼睛，即显示图层，此时 2 个帧上的图片信息已经有相应的更改，结果如图 4-24 所示。

第 10 步 点击每个帧下面的倒三角，调整帧的延迟时间为 0.5 秒，并选择循环次数为永远，如图 4-25 所示。点击"播放动画" ，即可预览最终效果。

图 4-22   图 4-23

图 4-24   图 4-25

第 11 步 保存帧动画。选择菜单栏"文件"→"存储为 Web 所用格式..."命令，快捷键为【Ctrl+Shift+Alt+S】，如图 4-26 所示。出现图 4-27 所示界面，设置格式为 GIF，并单击"存储"选择存储位置即完成动态 Logo 设计。最终效果见"光盘\结果文件\第 4 章\动态 Logo.psd"。

图 4-26   图 4-27

大师点拨 10：快速设计出贴合产品／品牌诉求的 Logo 技巧

拥有一个识别度高的 Logo 对企业是一大助力，Logo 需要根据企业本身来量体裁衣，才能迅速传递出企业的品牌价值和理念。所以在设计 Logo 前，要选熟悉其行业动态、企业文化或产品竞品等，整理获得的信息和资料，提炼出符合品牌或产品理念最重要的一点作为设计的方向，在此基础上加以延伸。

在设计 Logo 时需注意以下 3 点：

（1）尽量使用矢量软件

位图缩放之后容易失真变得模糊，而矢量图可以无损地缩放，无论是用于网店、杂志还是户外广告等都能适应。

（2）减少颜色和字体种类

若非特殊需要应避免 Logo 使用过多颜色，保持简洁易于浏览。同理在字体种类上，建议不超过两种字体。Logo 中若有中英文字体建议保持一致，即中文选择非衬线的字体时，英文也选择非衬线字体。

（3）让 Logo 可读

可读性有两个方面的需求：一是形式上尽量简化，过于复杂不利于人们解析和记忆；二是具有品牌故事性，标志形式的背后有供支撑的内涵与文化。

下面以"慧泉"广告图文公司 Logo 设计为例（虚拟），快速设计出贴合品牌诉求的 Logo。

第 1 步 名称解析，要结合品牌背景、寓意、文化等，如图 4-28 所示。

第 2 步 沟通设计初衷，有很多不错的创作未得到认可，很大原因是设计师没有将创意表达清晰。如果遇到不懂行的甲方想必情况会更加糟糕，如图 4-29 所示，使用简短的语言描述设计初衷很有必要。

图 4-28

图 4-29

第 3 步 画出草图或手绘稿，如图 4-30 所示，设计功底特别强的可跳过这一步。

第 4 步 使用软件绘制，如图 4-31 所示，建议使用矢量制图软件。尽量设计两到三种不同样式的，对比各优缺点，有选择和备用的余地。

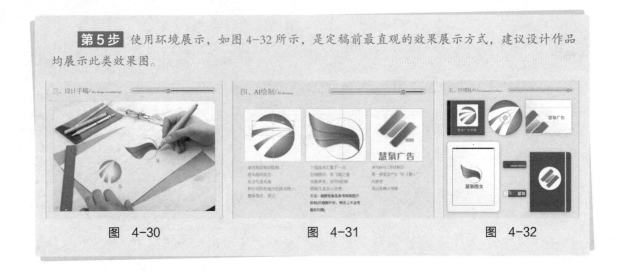

第5步 使用环境展示，如图4-32所示，是定稿前最直观的效果展示方式，建议设计作品均展示此类效果图。

图 4-30　　　　　　　　　图 4-31　　　　　　　　　图 4-32

4.2　个性化店招设计

店招即店铺的招牌，一般位于店铺最上方。在PC端不管客户通过何种途径进入店铺，首先映入眼帘的就是店招，可见店招对一个店铺形象而言是至关重要的。

从表现形式上来说，店招主要存在两种形式：一是纯文字店招，如图4-33所示；二是图片和文字结合起来的店招，如图4-34所示。

图 4-33

图 4-34

4.2.1　店招设计的基本要求

店招可采用图片和文字对店铺进行说明，其作用就是标识店铺的名字、产品和服务等信息，同时传递店铺的特价活动及促销方式等，让进店客户一眼就能明确店铺销售的产品或者优势。

淘宝店铺的店招的宽度为950像素，天猫店铺为990像素，高度不能超过150像素。若要使用官方默认导航栏建议高度不超过120像素，仅支持JPG、GIF、PNG图片格式。

在店铺装修时，要注意店招、产品和店铺风格相统一，如图4-35所示。

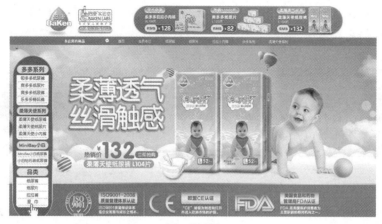

图 4-35

4.2.2 促销活动店招设计

促销活动类的店招特点是通过店铺活动、让流量集中并增加。所以此类店招设计主要考虑活动产品、价格、优惠券、倒计时和店铺名称等信息,其次是收藏店铺、搜索框、旺旺和第二导航条等,如图 4-36 所示。

具体的设计步骤如下:

第1步 打开 Photoshop 软件,单击菜单栏"文件"→"新建(N)..."命令新建文档,设置参数"宽度"为 950 像素,"高度"为 150 像素,"分辨率"为 72 像素/英寸,"颜色模式"为 RGB 颜色模式,"背景内容"为白色,如图 4-37 所示。

第2步 确认前景色为黑色,背景色为白色,然后复制背景层,利用快捷键【Alt+Delete】将背景填充为黑色,如图 4-38 所示。

第3步 根据需要添加店铺名字、Logo、品牌文案等。此处添加"Text Text"店铺名字,设置字体为"Impact",字号为 50 点,颜色为白色,然后添加店铺口号:女人本来就很美!设置字体为"迷你简细行楷",字号为 20 点,颜色为白色,如图 4-39 所示。

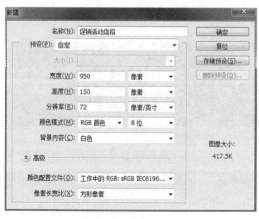

图 4-37

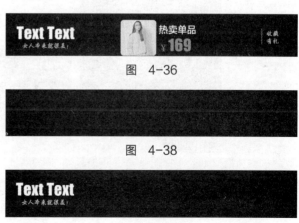

图 4-36

图 4-38

图 4-39

第4步 将前景色变为任意色,此处设置色号为"#ffdbfb"的颜色,然后利用"圆角矩形"工具 ◻（半径为10像素）绘制出一个形状,如图4-40所示。注意：圆角矩形工具画出的形状颜色默认为前景色。

图 4-40

第5步 单击菜单栏"文件"→"置入（L）..."命令,找到准备好的促销店招素材图片,见"光盘\素材文件\第4章\促销店招素材.jpg",单击"置入"将图片放入Photoshop软件中,如图4-41所示,然后单击 完成置入。

图 4-41

第6步 右击"促销店招素材"图层,单击"创建剪贴蒙版"按钮,如图4-42所示。此时图片已嵌入到圆角矩形中,调整好位置即可,如图4-43所示。

图 4-42

图 4-43

第7步 促销信息录入。选用"文字"工具输入"热卖单品",设置字体为"方正兰亭准黑",字号为30点,颜色为白色；输入价格¥169,填充色号为#ff0000的颜色,169数字字体为"Impact",字号为50点,¥符号字体为"文鼎CS行楷",字号为30点,如图4-44所示。

图 4-44

第8步 输入"收藏""有礼"文字,字体为"迷你简细行楷",字号为20点,排列对齐。然后利用快捷键【Ctrl+Shift+Alt+N】新建图层,将前景色设为白色,在文字左边运用"画笔"工具,将画笔设置为1像素,按住Shift键画出一条竖直线,如图4-45所示。最后将文档保存为JPG格式,即完成促销活动的店招设计。最终效果见"光盘\结果文件\第4章\促销店招.psd"。

图 4-45

4.2.3 特殊节日店招设计

特殊节日的店招设计,以"淘宝嘉年华"为例,可在平时的促销设计中,加入活动主题,吸引客户的关注和点击,且特殊节日的背景一般相对浓烈、喜庆,如图4-46所示。

图 4-46

具体的设计步骤如下。

第1步 在Photoshop软件中,单击菜单栏"文件"→"新建(N)..."命令新建文档,设置参数"宽度"为950像素,"高度"为150像素,"分辨率"为72像素/英寸,"颜色模式"为RGB颜色模式,将前景色设置为色号"#d40404"的颜色,并使用快捷键【Alt+Delete】将背景填充为前景色,如图4-47所示。

图 4-47

第2步 利用"文字"工具添加"Text Text"店铺名字，设置字体为"Impact"，字号为50点，颜色为白色。然后添加特殊节日或者活动的名称，此处单击"置入"命令添加"2016淘宝嘉年华"字样的文件，见"光盘\素材文件\第4章\淘宝嘉年华素材.png"，源文件字体颜色为橙色，需要单击"混合选项"按钮将其填充为白色，效果如图4-48所示。

图 4-48

第3步 设置优惠券。利用"矩形"工具画出一个矩形，调节矩形1图层的填充值为0%，如图4-49所示。然后利用"混合选项"按钮中的"描边"设置大小为1像素，颜色为白色，如图4-50所示。此时画布上的效果如图4-51所示。

图 4-49

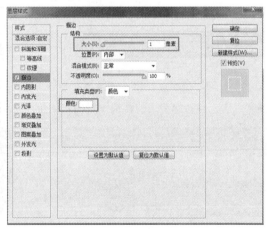

图 4-50

图 4-51

第4步 新建图层1，利用1像素的"画笔"工具，按住【Shift】键画出一条竖直线，调整好位置，如图4-52所示。

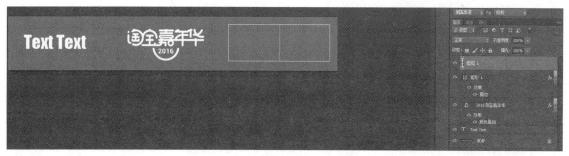

图 4-52

第 5 步 使用"文字"工具添加文字，并设置"20"和"50"字体为"Impact"，字号为 40 点；"元优惠券"字体为"黑体"，字号为 18 号；"满 199 元使用""满 399 元使用"的字体为"黑体"，字号为 12 号，以上文字均填充为白色，其中"199""399"数字填充色号为"#fff000"，排列好位置如图 4-53 所示。

图 4-53

第 6 步 新建图层 2，利用"矩形选框"工具画出一个矩形选区，填充色号为"#fff000"的颜色，并复制该图层，排列在店招中，如图 4-54 所示。

图 4-54

第 7 步 使用"文字"工具输入"立即领取"字样，字体为"黑体"，字号为 18 号，并填充色号为"#d40404"的颜色，复制立即领取文字图层，将该字样放置在色号为"#fff000"的颜色上，如图 4-55 所示保存为 JPG 文件，即完成特殊活动的店招设计。最终效果见"光盘\结果文件\第 4 章\特殊节日店招 .psd"。

图 4-55

4.2.4 设计动态店招

运用动态店招：一是吸引客户的眼球，二是更加突出销售的产品。与静态店招相比，动态店招通常是加入了帧动画的播放，图片储存格式为GIF。

以上一小节"特殊节日店招设计"为例，想要把"淘宝嘉年华"图标和每张优惠券上面的"立即领取"字样设置为动态的，那么在静态店招的基础上，还需要操作的步骤如下。

第1步 将原静态店招中的"淘宝嘉年华"图标复制一层，并在"2016淘宝嘉年华拷贝"图层中将图标根据需要进行放大或者缩小，此处选择是放大，如图4-56所示，可以看出明显的大小差别。

第2步 打开菜单栏"窗口"→"时间轴"命令，单击"创建帧动画"，界面显示如图4-57所示。

图 4-56

图 4-57

第3步 单击"复制所选帧"图标，鼠标单击到第1帧上，关闭"2016淘宝嘉年华拷贝"图层前面的眼睛（即隐藏），效果如图4-58所示；鼠标单击到第2帧，打开"2016淘宝嘉年华拷贝"图层前面的眼睛（即显示），并关闭"2016淘宝嘉年华"图层前面的眼睛，同时关闭两个"立即领取"文字图层，效果如图4-59所示。

图 4-58

图 4-59

第4步 单击每个帧下面的倒三角，调整帧的延迟时间为0.3秒，并选择循环次数为永远，如图4-60所示。

第5步 单击"播放动画" ▶ 即可预览最终效果。最后单击菜单栏"文件"→"存储为Web所用格式..."，确认格式为GIF，点击"存储"即完成动态店招设计，如图4-61所示。最终效果见"光盘\结果文件\第4章\动态店招.psd"。

淘宝、天猫店铺模块化设计 第4章

图 4-60　　　　　　　　　　图 4-61

问：除了使用 Photoshop 软件帧动画外，还有哪些方式可以做动态店招？

答：淘宝图片空间目前仅能支持 GIF 格式动态图上传，因此在制作方式上受到一定的限制。在 Photoshop 软件中除了能使用帧动画制作 GIF 格式动态图外，还可在菜单栏单击"窗口"→"时间轴"命令打开操作面板，单击"创建视频时间轴"来制作动态图，且支持的样式更为丰富，操作也更为灵活。

因不少同类格式间能相互转换，所以能直接或间接制作 GIF 格式动态图的软件不少，例如 Flash、Adobe After Effects、Corel VideoStudio 等。但 Photoshop 软件对 GIF 格式的优化更好一点，输出效果也更佳，建议淘宝使用的 GIF 动态图使用 Photoshop 软件来制作。

4.2.5　将店招应用到店铺

设计好店招后，就可以将店招图片上传到店铺中，具体操作方法如下。

第1步　登录淘宝后台，在卖家中心界面左侧找到"店铺装修"，如图 4-62 所示。

第2步　单击进入基础模块页面，并添加"店铺招牌"模块，将模块拖动到右边浏览页面，如图 4-63 所示。

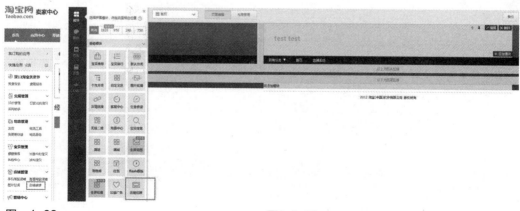

图 4-62　　　　　　　　　　图 4-63

page 71

第3步 单击"编辑"选项,出现如图4-64所示界面,单击取消选中"是否显示店铺名称",单击"选择文件"进行店招上传。

第4步 如图4-65所示,选择"上传新图片",设计师也可事先将图片上传到"图片空间",通过卖家中心界面左侧的"店铺管理"→"图片空间"上传。此处我们是将图片放置于桌面,所以可以直接单击"添加图片"进行上传。

图 4-64　　　　　　　　　　　　　图 4-65

第5步 选择好桌面图片,单击"打开",然后会自动跳到招牌页面,需将高度改为150px,如图4-66所示。

第6步 单击"保存",即可在店铺中浏览新的店招,如图4-67所示,最后单击"发布站点"即完成店招应用。

图 4-66　　　　　　　　　　　　　图 4-67

大师点拨11:店招真的很重要

别小瞧PC端店招仅有150像素高度,它是店铺最"活跃"的导购。无论是通过搜索店铺进入首页,还是搜索商品进入商品详情页,第一时间映入顾客眼帘的必然是店招。虽然占用位置不多,但包含了店铺名、Logo、店铺收藏、优惠券、主推款及导航栏等内容,其重要性不言而喻。

除此之外,部分装修设计非常不错的店铺,店招还能体现商品风格、色调、定位等信息。如图4-68所示,该品牌店招上使用楷体类字体及一些符号具有中国风元素,能让顾客快速接收到店铺商品风格信息。不仅如此,在产品拍摄背景及店铺整体风格色调上保持一致,带来统一的美感,如图4-69所示,所以不能低估店招对店铺风格的作用。

图 4-68

图 4-69

4.3 店铺收藏、关注、广告栏的设计

如今,淘宝店铺越来越多,其设计风格和样式也越来越广泛,许多卖家想尽办法让店铺能引起客户关注。由此,在店铺装修的时候,经常需要用到"收藏关注"等图标。

4.3.1 确定设计尺寸等基本要求

店铺的收藏、关注和广告栏尺寸,需要根据店铺布局及投放的位置来决定,如图 4-70 所示,店铺的各个布局都可添加上此类自定义图片。

4.3.2 设计静态收藏、关注图标

收藏和关注图标的本质是有区别的。关注是指关注店铺的所有信息,比如店铺上新、促销等动态信息;而收藏是为了后期便于查看店铺,可在自己"收藏的店铺"里面找到,不能看到店铺的实时优惠信息。

图 4-70

但是，收藏和关注图标的制作方式是一样的，下面我们以"关注"图标为例进行具体设计。

第1步 打开 Photoshop 软件，单击菜单栏"文件"→"新建（N）..."命令新建文档，设置参数"宽度"为 400 像素，"高度"为 300 像素，"分辨率"为 72 像素 / 英寸，"颜色模式"为 RGB 颜色模式，"背景内容"为透明，如图 4-71 所示。

第2步 将前景色设置色号为"#ff0000"的颜色，并在画布内使用半径为 30 像素的"圆角矩形"工具画出一个形状，此时会自动填充颜色，如图 4-72 所示。

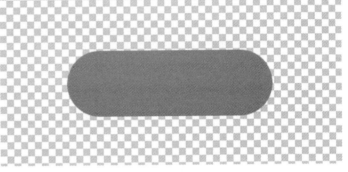

图 4-71　　　　　　　　　　　　　图 4-72

第3步 右击"矩形"工具 ■，单击选中"自定义形状工具"，然后在属性栏选择"填充"为白色，并选择心形形状勾画一个桃心，如图 4-73 所示。调整好位置，此时效果如图 4-74 所示。

第4步 利用"文字"工具输入文字"关注"，设置字体为"方正兰亭准黑"，字号为 45 点，颜色为白色。调整位置后如图 4-75 所示。

图 4-73

图 4-74　　　　　　　　　　　　　图 4-75

第5步 保存。按住【Shift】键选择所有图层并利用快捷键【Ctrl+J】复制，然后按快捷键【Ctrl+E】统一合并为图层"关注拷贝"，并隐藏其他图层，单击选中"关注拷贝"图层，右击转化为智能对象，如图4-76所示。

第6步 双击智能图标 出现如图4-77所示提示，单击"确定"按钮会重新打开一个文件"关注拷贝"，如图4-78所示。最后在新文件中单击菜单栏"文件"→"存储为Web所用格式..."，保存格式为PNG，单击"存储"即完成关注图标设计，如图4-79所示，最终效果见"光盘\结果文件\第4章\关注图标.psd"。

图 4-76

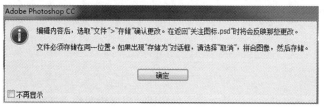

图 4-77

图 4-78

图 4-79

4.3.3 设计动态收藏、关注图标

与设计动态店招类似，在设计动态的收藏和关注图标时，需要事先制作好静态的效果，然后加上帧动画即可。

以上节的"关注"图标为例，如果想要桃心"动起来"，在静态关注图标文件的基础上，具体的设计步骤如下。

第1步 鼠标单击在心形图层上，【Ctrl+J】复制该层为"形状1拷贝"，将"形状1拷贝"图层的心形拉大，如图4-80所示。

图 4-80

第2步 打开菜单栏"窗口"→"时间轴"命令,单击"创建帧动画",界面如图 4-81 所示。

第3步 复制所选帧,然后点选第 1 帧,隐藏"形状 1 拷贝"图层;点选第 2 帧,显示"形状 1 拷贝"图层。其次修改延迟时间为 0.2 秒,循环次数为永远,如图 4-82 所示。最后单击菜单栏"文件"→"存储为 Web 所用格式 ..."命令,选择 GIF 格式保存即完成动态关注图标设计,最终效果见"光盘\结果文件\第 4 章\动态关注图标 .psd"。

图 4-81　　　　　　　　　　　　图 4-82

4.3.4 设计公告栏

由于淘宝竞争的异常激烈,为了让客户走进店铺,并让其主动下单购买,卖家纷纷想出各种方案,以激发客户的购买欲望。其中,最好的方式就是宣传。宣传一方面包括站外推广,另一方面包括店内宣传。

基于这一点,公告就应运而生了。店铺公告是宣传店铺最重要的地方,也是顾客了解、信任店铺的窗口,一般放在店铺的显眼位置。通过公告,客户能迅速了解店铺活动或者实时动态,所以,写好店铺公告对一个店铺而言很重要。

店铺公告没有具体的大小限制,可根据各店铺版本默认装修尺寸进行设计。内容上很多变,如图 4-83 所示为 2016 年双 11 小米官方旗舰店的销售公告,图 4-84 所示为店铺发货公告,店铺可根据具体情况设计公告内容。其具体设计方法与店招类似,首先在 Photoshop 软件中创建适当尺寸的文档,然后进行背景设计填充,最后添加文字和图片,保存上传即可。

图 4-83　　　　　　　　　　　　图 4-84

大师点拨 12:引导顾客收藏 / 关注店铺的技巧

顾客收藏店铺方便以后能迅速找到,关注店铺能接收到店铺动态,所以引导顾客收藏和关注是非常必要的。可以从以下几个方面进行优化。

1. 店铺装修上引导

① 店招上设计按钮,通常将"收藏/关注"按钮设计在店招上能吸引更多的点击,如图4-85所示。

图 4-85

② 首页海报,通过赠送小礼品、红包或优惠券等让顾客"关注/收藏"店铺,如图4-86所示。

图 4-86

③ 商品详情页左侧190像素宽度区域也是放置"收藏/关注"的位置之一,如图4-87所示,与店铺商品相关的图片通常能带来更好的点击率。

④ 详情页尾添加"收藏/关注"按钮,有不少顾客在浏览完商品详情页时对商品本身有一些心动也会有一些犹豫,比如价格或款式上需要咨询家人、朋友意见等,在商品详情页末尾加上"收藏/关注"按钮可方便顾客点击,不用重新回到页面顶部商品主图下方去"收藏"商品。

2. 结合店铺推广计划开展营销活动,通常淘宝平台活动、直通车推广、钻展推广等商品展现较高的营销活动,只要在页面设计上稍加引导便可带来不低的"收藏/关注"。

3. 参加淘宝平台"免费试用"活动,设置"收藏/关注"店铺才能参加该活动,能在短时间内吸引大量顾客"收藏/关注"店铺。

图 4-87

大师点拨 13：公告栏真的重要吗？

公告栏在店铺首页设计时通常很少考虑到，但因其特殊作用在某些时刻需要用到。如图 4-88 所示，遇到重大节假日，因为物流、快递或店铺统一放假而无法接待和发货的情况时，最好能在店铺公告出来以免产生纠纷。

还有一些情况如"双 11"活动后店铺订单量巨大，商品无法在 72 小时内发出，也需要利用店铺公告及时告知顾客以免后期客服维护压力大；部分顾客反映在购买商品后接到"山寨商家"的诈骗电话，公告栏也可用来提醒其他顾客不要上当，以免造成财产损失，体现店铺的服务及关怀。

因此，在特定情况下合理利用好店铺公告栏，给商家和顾客都能带来便捷还是很重要的。

图 4-88

4.4 宝贝分类模块设计

设计宝贝分类模块，一是为了方便店铺管理，二是为了方便客户选购商品。官方模板默认宝贝分类模块宽度 190 像素，可添加在店铺首页（左右布局情况下）、商品搜索页和详情页左侧。可以使用简单的文字表现，也可以将文字换成独具特色的图片表现，使店铺更加吸引人的眼球。

默认的分类和子分类只有文字和简单图标，如图 4-89 所示。通过对分类模块的设计，可以使枯燥的文字变得丰富有趣，如图 4-90 所示。

4.4.1 宝贝分类模块设计基本要求

对于商品 SKU 数量较多的店铺，合理的分类非常重要，它将直接影响到顾客能否快速地找到满意的商品。目前淘宝为店铺的宝贝分类提供了文字和图片两种链接方式。使用文字分类，其按钮的颜色和大小都是不能改变的。如果想要让店铺类目与众不同，可以将店铺的类目制作成图片展示。

其中，图片的宽度不能超过 160 像素，高度无特定要求根据需要可自行设置，建议不超过 60 像素。图片中的文字需要清晰、明了，风格以与店铺其他装修模块统一为宜，降低因风格凌乱给顾客带来的视觉疲劳。

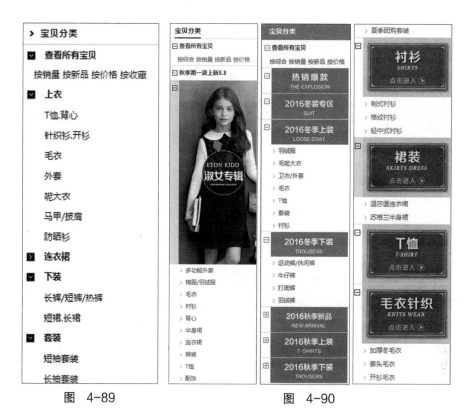

图 4-89 图 4-90

4.4.2 宝贝分类标题按钮设计

宝贝分类作为店铺装修的一个重要环节，恰当时尚的分类能让店铺更加整洁美观。那么如何设计出如图 4-91 所示的分类标题按钮呢？

具体操作步骤如下：

第1步 打开 Photoshop 软件，为方便显示，新建一个"宽度"为 300 像素，"高度"为 200 像素，"分辨率"为 72 像素/英寸，"背景内容"为透明的文档，如图 4-92 所示。

第2步 由于分类标题宽度的限制，可以利用"标尺"工具 ▦（快捷键为【Ctrl+R】）拉出参考线后，然后利用参考线画出的区域进行设计，如图 4-93 所示，红色区域的宽为 160 像素，高为 60 像素。

第3步 选中工具栏中的"圆角矩形工具" ▢，设置填充为色号"#fecee6"的颜色，半径为 30 像素，然后画出形状，如图 4-94 所示。

图 4-91

图 4-92

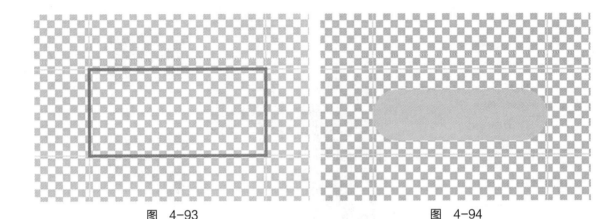

图 4-93　　　　　　　　　　　　　　图 4-94

第4步 利用菜单栏"文件"→"置入（L）..."命令将准备好的卡通素材，见"光盘\素材文件\第4章\宝贝分类标题素材.png"置入Photoshop软件中，调整好大小，如图4-95所示。

第5步 输入宝贝分类标题名称：连衣裙，设置字体为"方正小标宋简体"，字号为26点，并填充色号为"#f80446"的颜色，如图4-96所示。最后保存为PNG格式即完成宝贝分类标题按钮设计。

第6步 保存。利用快捷键【Ctrl+J】复制所有图层，然后按快捷键【Ctrl+E】合并为图层"连衣裙拷贝"，隐藏其他图层，然后将"关注拷贝"图层转化为智能对象，双击智能图标重新打开文件"连衣裙拷贝"，在新文件中单击菜单栏"文件"→"存储为Web所用格式..."命令，保存格式为PNG，即完成宝贝分类标题按钮设计。最终效果见"光盘\结果文件\第4章\宝贝分类标题按钮.psd"。

图 4-95　　　　　　　　　　　　　　图 4-96

大师点拨14：利用宝贝分类实现店内快速导购

根据店铺产品合理分类让顾客更加容易找到满意的款式，除店招导航外，还可将分类模块放置在分类/搜索页、商品详情页内，如图4-97所示。设置商品分类要懂得顾客心理，"买新不买旧"，因此在分类中可以体现出"当季新品"或"上新第几波"，通常点击率较常规分类会高出不少。此外，上新、活动款等分类最想给顾客看到的分类建议展示在最前方方便点击。

试想一下，如果商品分类不合理或未展现分类模块，顾客要寻找中意的款式就非常困难，造成店铺跳失率明显上升。所以合理规划分类并展现出来，这样在店铺任何页面，顾客均能通过分类模块快速地选购，在相同时间内能看到更多的商品，增加选到满意商品从而下单的概率。

图 4-97

4.5 导航、客服模块设计

店铺导航是买家访问店铺的快速通道，可以增加买家对店铺的访问深度，清晰而具有个性化的导航功能，对提高转化和销量十分重要。客服旨在为店铺提供专业全方面的客户服务，所以，导航和客服模块设计也是必不可少的。

4.5.1 导航、客服设计的基本要求

导航的设置并不是越多越好，而是需要结合店铺的运营，选取对店铺经营有帮助、有优势的内容以及独有的文化等。导航在首页布局所占的比例并不大，但是其所附带传播的信息对于塑造店铺的个性化形象至关重要，一般位于店铺店招的下方，宽度与店招同宽，淘宝店铺有文字内容的部分建议在950像素以内，天猫店铺建议990像素以内，高度为30像素。

客服模块宽度建议与店铺装修版本尺寸相同，高度可根据店铺客服人数及需求而定，客服图标设计之后需要通过代码链接到客服旺旺投放后方能生效。

4.5.2 设计导航栏

网店导航就是店铺附带的商品及店铺信息，包括品牌介绍、店铺介绍、售后服务、特惠活动、宝贝

分类等。它是买家访问店铺的快速通道,可以方便地从一个页面跳转到另一个页面,查看店铺的各类商品及信息。因此,清晰的导航能保证更多店铺页面被访问,使更多的商品、活动被发现。尤其当买家从宝贝详情页到其他页面,若缺少导航条的指引,将大大地影响店铺转化率。

那么如何设计一个导航栏呢?具体操作步骤如下:

第1步 打开 Photoshop 软件,新建一个"宽度"为 950 像素,"高度"为 150 像素,"分辨率"为 72 像素/英寸的文档,如图 4-98 所示。

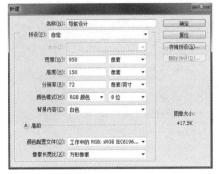

图 4-98

第2步 利用"标尺"工具在高度为 120 像素的位置拉一条参考线,如图 4-99 所示。

第3步 新建图层,将参考线上部分区域的 120 像素填充为色号"#f3f2f2"的颜色,下部分区域的 30 像素填充为黑色,然后输入店铺名称:Text Text,设置字体为"Broadway BT",字号为 40 点,选用颜色为黑色,效果如图 4-100 所示。

图 4-99　　　　　　　　　　　　　　图 4-100

第4步 输入导航标签内容并排列,这里输入:首页、所有宝贝、最新上架、大衣、羽绒服、针织衫、牛仔裤、连衣裙,设置字体为"方正兰亭黑",字号为 15 点,填充白色,如图 4-101 所示。

第5步 根据需要建立参考线,如图 4-102 所示,将导航细分开来。

图 4-101　　　　　　　　　　　　　　图 4-102

第6步 利用工具栏的"切片"工具，单击"基于参考线的切片",将导航中的每一块按钮分别切开,如图 4-103 所示。其中,色号为"#f3f2f2"的颜色区域需要选择该区域的每个切片再右击选择"组合切片"即可显示如图 4-104 的效果。

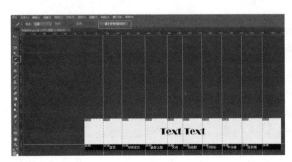

图 4-103

图 4-104

第7步 然后分别右击每个小切片，选择"编辑切片选项"，进入页面后确定好名称，如图4-105所示，并在URL栏里粘贴上单击此切片显示的页面网址，单击"确定"即可。

第8步 单击菜单栏"文件"→"存储为Web所用格式..."命令，如图4-106所示。

图 4-105　　　　　　　　　　　　　图 4-106

第9步 单击"存储"按钮，选择格式为"HTML和图像"，如图4-107所示。储存结果有两个文件，一个是.html格式文件，一个是Images文件夹（里面包括所有图片切片），最终效果见"光盘\结果文件\第4章\导航文件\导航设计.psd"。

图 4-107

4.5.3　设计客服模块

在淘宝店铺的装修设计中，首页的最后的版块即为客服模块设计。那么客服版块如何实现自由编辑设计，从而达到如图4-108所示的效果呢？

图 4-108

具体操作步骤如下：

第1步 打开Photoshop软件，新建"宽度"为950像素，"高度"为100像素，"分辨率"为72像素/英寸的文档，如图4-109所示。

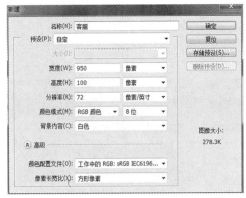

图 4-109

第 2 步 复制背景层，确定颜色为白色，输入文字并进行排版，如图 4-110 所示。其中，"客服中心"字体为"方正兰亭准黑"，字号 22 点；英文部分和"工作时间"栏字体均为"方正兰亭黑"，字号 14 点；"售前""售后"字体为"方正兰亭黑"，字号 16 点；客服名称字体为"方正兰亭黑"，字号 14 点。

第 3 步 利用菜单栏"文件"→"置入（L）..."准备好的客服图标素材，见"光盘\素材文件\第 4 章\客服图标素材 .png"，可利用参考线来调整大小和位置，效果如图 4-111 所示。

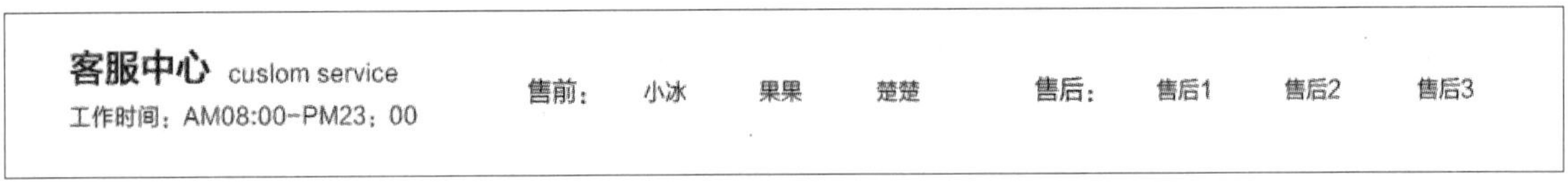

图 4-110

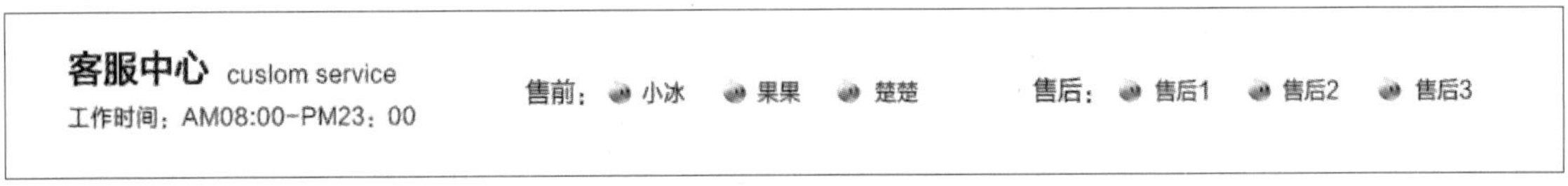

图 4-111

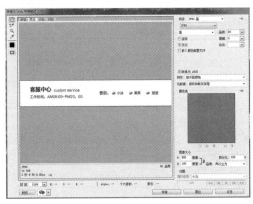

图 4-112

第 4 步 单击菜单栏"文件"→"存储为 Web 所用格式 ..."命令，如图 4-112 所示保存即可。最终效果见"光盘\结果文件\第 4 章\客服文件\客服 .psd"。

4.5.4 把导航、客服模块应用到店铺

1. 将导航栏模块应用到店铺

第 1 步 登录淘宝"卖家中心"，在"店铺管理"中找到"图片空间"单击进入，如图 4-113 所示。

第 2 步 在界面单击"上传图片"，选择导航文件夹中的所有图片进行上传，效果如图 4-114 所示。

第 3 步 将事先保存的 .html 格式文件，见"光盘\结果文件\第 4 章\导航文件\导航设计 .html"，在 Dreamweaver 软件中打开（也可用记事本打开），如图 4-115 所示。

第 4 步 将代码中第一个注释代码（灰色）及以前和第二个注释代码（灰色）及以后的内容删掉，如图 4-116 所示。

图 4-113　　　　　　　　　　　图 4-114

图 4-115　　　　　　　　　　　图 4-116

图 4-117

第5步 把代码中红线标出的本地图片链接,替换成图片空间相应图片的代码,图片空间的代码,只需找到该图片点击下方中部的"复制链接"即可,如图4-117所示。

第6步 全部替换后的效果,如图 4-118 所示。

第7步 复制整个页面的代码,进入淘宝后台的"店铺装修",先添加店招模块,单击"编辑",选为"自定义招牌",然后单击工具栏中的"源码"按钮,将复制的代码粘贴编辑框内,并将高度设置为 150px,如图 4-119 所示。

第8步 单击"保存",可在装修界面浏览效果,如图 4-120 所示,背景颜色设置可在"页头"中的"页头背景图"进行上传。最后单击"发布站点",即完成导航栏应用。如果事先设置了 URL 链接,即可单击文字查看效果。

图 4-118 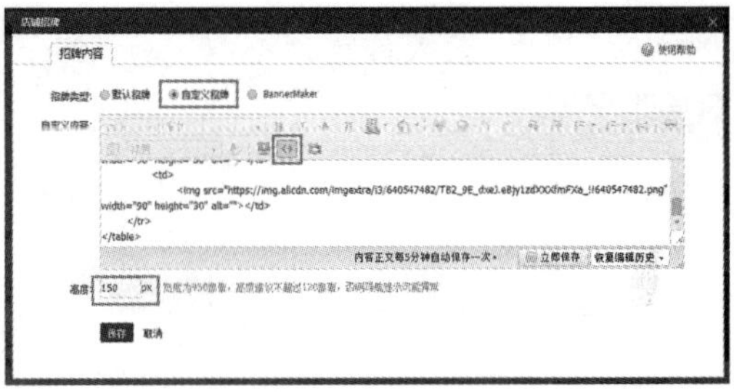　　　　　　　　　　　图 4-119

图 4-120

2. 将客服模块应用到店铺

第1步 打开设计好的客服文件，见"光盘\结果文件\第4章\客服文件\客服.psd"，根据客服图标素材建立参考线，如图4-121所示。

图 4-121

第2步 选择工具栏"切片工具"，并单击"基于参考线的切片"，界面如图4-122所示。

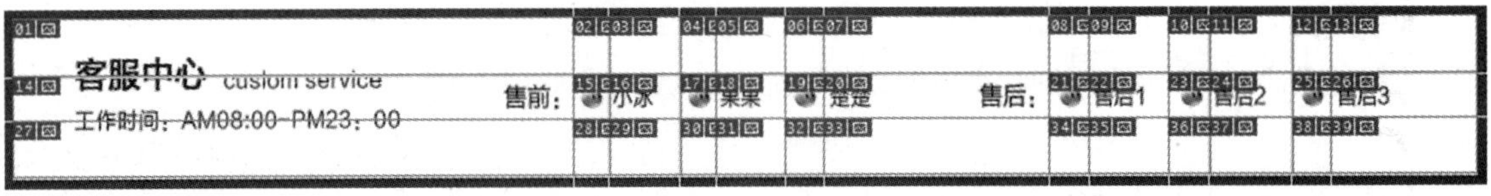

图 4-122

第3步 利用"切片选择工具"并按住【Shift】键选择所有的切片，并鼠标右击进入"编辑切片选项"，将切片类型设置为：无图像。同时，在"显示在单元格中的文本"中添加一个"空格"，如图4-123所示。

第4步 单击"确定"，然后将文档存储为Web所用格式，格式类型无特别要求，因为目前存储后并没有图像。然后单击"存储"，如图4-124所示。

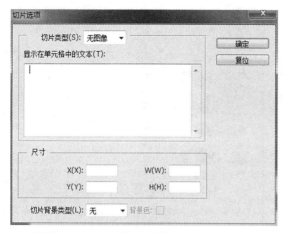

图 4-123

图 4-124

第5步 在跳出的页面中，选择格式为"仅限 HTML"，如图 4-125 所示。

第6步 由于此时导出的 .html 文件是没有图片的，所以我们需要将客服中心的图片导出来。回到 Photoshop 软件中，由于之前有进行切片，所以现在需要清除，方法是单击菜单栏"视图"→"清除切片"命令，如图 4-126 所示。

图 4-125

图 4-126

第7步 隐藏客服图标的图层，并隐藏参考线（快捷键【Ctrl+；】），界面如图 4-127 所示。

客服中心 cuslom service
工作时间：AM08:00-PM23:00

售前： 小冰   果果   楚楚   售后： 售后1   售后2   售后3

图 4-127

第8步 使用菜单栏"文件"→"存储为 Web 所用格式..."保存文档，格式为 JPEG，如图 4-128 所示。

第9步 在弹出的路径选择框中，选择"格式"为仅限图像，如图 4-129 所示。

图 4-128

图 4-129

第10步 将保存好的客服图片文件，见"光盘\结果文件\第4章\客服文件\客服.jpg"，上传到图片空间，如图 4-130 所示。

第11步 与导航应用一样，将保存的 .html 文件，见"光盘\结果文件\第4章\客服文件\客服.html"，在 Dreamweaver 软件（或记事本）中打开，并删除灰色注释代码以外的内容，效果如图 4-131 所示。

图 4-130　　　　　　　　　　　　图 4-131

第12步 在 cellspacing="0" 后加入 background=""，在两个双引号间加入客服图片在图片空间中的链接，如图 4-132 所示。

图 4-132

第13步 搜索使用官方工具"旺遍天下",网址为 http：//page.1688.com/html/wangwang/download/windows/wbtx.html,界面如图 4-133 所示。

第14步 根据提示填写信息。首先由于我们是根据风格二的图标进行切片的,所以选择风格二的状态图片风格,店铺也可根据自己喜好进行设计选择；然后填写应用店铺的旺旺号；最后单击"生成网页代码"按钮,删除"风"后单击"复制代码",如图 4-134 所示。

图 4-133　　　　　　　　　　　图 4-134

第15步 回到 Dreamweaver 软件中,单击选中"客服"文件下"设计"模式,并找到第一个设置客服图标的地方单击,如图 4-135 所示。

图 4-135

第16步 转到"代码"模式,此时光标跳动的位置即为第一个客服图标的位置,此时需删除光标后的空格,并粘贴刚才复制的旺旺代码,如图 4-136 所示。

第17步 同理,在另外 7 个客服图标的位置重复删除空格和添加代码操作,效果如图 4-137 所示。

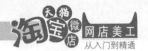

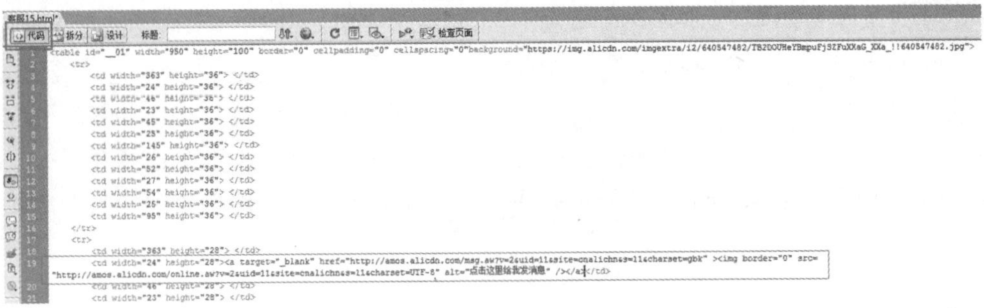

图 4-136

```
<table id="__01" width="950" height="100" border="0" cellpadding="0" cellspacing="0"background="https://img.alicdn.com/imgextra/i2/640547482/TB2DOUHeYBmpuFjSZFuXXaG_XXa_!!640547482.jpg">
    <tr>
        <td width="363" height="36"> </td>
        <td width="24" height="36"> </td>
        <td width="46" height="36"> </td>
        <td width="23" height="36"> </td>
        <td width="45" height="36"> </td>
        <td width="25" height="36"> </td>
        <td width="145" height="36"> </td>
        <td width="26" height="36"> </td>
        <td width="52" height="36"> </td>
        <td width="27" height="36"> </td>
        <td width="54" height="36"> </td>
        <td width="25" height="36"> </td>
        <td width="95" height="36"> </td>
    </tr>
    <tr>
        <td width="363" height="28"> </td>
        <td width="24" height="28"><a target="_blank" href="http://amos.alicdn.com/msg.aw?v=2&uid=1&site=cnalichn&s=1&charset=gbk" ><img border="0" src=
"http://amos.alicdn.com/online.aw?v=2&uid=1&site=cnalichn&s=1&charset=UTF-8" alt="点击这里给我发消息" /></a></td>
        <td width="46" height="28"> </td>
        <td width="23" height="28"><a target="_blank" href="http://amos.alicdn.com/msg.aw?v=2&uid=1&site=cnalichn&s=1&charset=gbk" ><img border="0" src=
"http://amos.alicdn.com/online.aw?v=2&uid=1&site=cnalichn&s=1&charset=UTF-8" alt="点击这里给我发消息" /></a></td>
        <td width="45" height="28"> </td>
        <td width="25" height="28"><a target="_blank" href="http://amos.alicdn.com/msg.aw?v=2&uid=1&site=cnalichn&s=1&charset=gbk" ><img border="0" src=
"http://amos.alicdn.com/online.aw?v=2&uid=1&site=cnalichn&s=1&charset=UTF-8" alt="点击这里给我发消息" /></a></td>
        <td width="145" height="28"> </td>
        <td width="26" height="28"><a target="_blank" href="http://amos.alicdn.com/msg.aw?v=2&uid=1&site=cnalichn&s=1&charset=gbk" ><img border="0" src=
"http://amos.alicdn.com/online.aw?v=2&uid=1&site=cnalichn&s=1&charset=UTF-8" alt="点击这里给我发消息" /></a></td>
        <td width="52" height="28"> </td>
        <td width="27" height="28"><a target="_blank" href="http://amos.alicdn.com/msg.aw?v=2&uid=1&site=cnalichn&s=1&charset=gbk" ><img border="0" src=
"http://amos.alicdn.com/online.aw?v=2&uid=1&site=cnalichn&s=1&charset=UTF-8" alt="点击这里给我发消息" /></a></td>
        <td width="54" height="28"> </td>
        <td width="25" height="28"><a target="_blank" href="http://amos.alicdn.com/msg.aw?v=2&uid=1&site=cnalichn&s=1&charset=gbk" ><img border="0" src=
"http://amos.alicdn.com/online.aw?v=2&uid=1&site=cnalichn&s=1&charset=UTF-8" alt="点击这里给我发消息" /></a></td>
        <td width="95" height="28"> </td>
    </tr>
    <tr>
        <td width="363" height="36"> </td>
        <td width="24" height="36"> </td>
        <td width="46" height="36"> </td>
```

图 4-137

第 18 步 单击菜单栏“文件”→“另存为（A）...”命令，设置文件名为“客服代码生成”，利用浏览器打开该文件即可查看效果，此时客服图标是灰色的，即下线状态，如图 4-138 所示。登录淘宝账号后图标颜色就会改为上线状态。

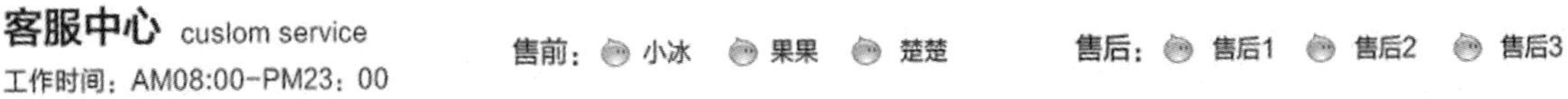

图 4-138

第 19 步 转入淘宝店铺装修页面，添加一个“自定义区”，单击“编辑”按钮进入“自定义内容区”页面，如图 4-139 所示。

图 4-139

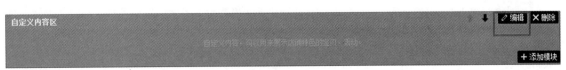

第20步 单击选中"源码",并将 Dreamweaver 软件中已修改好的所有代码复制粘贴到内容框,如图 4-140 所示。

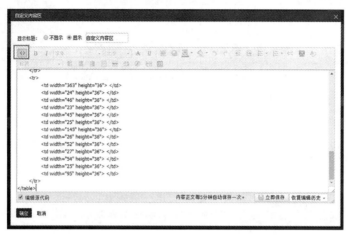

图 4-140

第21步 单击"确定",刷新页面,即完成客服模块的应用,如图 4-141 所示。

图 4-141

大师点拨 15:通栏导航设计技巧

(1)如图 4-142 所示,在设计店招时要考虑到通栏导航相比更加美观,画布宽为 1920 像素,高度 150 像素。

图 4-142

(2)将中间 950 像素(天猫 990 像素)主体部分切片或使用 Dreamweaver 软件热点工具添加链接后上传到店铺店招模块,如图 4-143 所示,此时店招左右默认白色背景。

(3)在 Photoshop 软件里将设计的通栏店招中间 950 像素(天猫 990 像素)主体部分填充为纯白色,减少图片色彩,方便页头背景图储存大小限制 200 K 以下时有更高的质量,如图 4-144 所示(为避免出现 1 像素间隙,建议将白色填充宽度适当减小 4 像素左右),然后存储为 JPG 格式图片。

图 4-143　　　　　　　　　　　　图 4-144

（4）在店铺首页装修"页头"→"页头背景图"下单击"更换图片"，如图4-145所示，选择刚存储的页头背景图片，背景显示方式选择"不平铺"，背景对齐方式选择"居中"，如需让店铺每页都保持该页头背景可单击"应用到所有页面"。

图 4-145

（5）操作完毕后单击页面右上角"发布站点"，即可看到通栏导航效果，如图4-146所示。

图 4-146

大师点拨16：设计吸引眼球的客服模块

大部分店铺装修针对客服模块都是简单化处理，没有重视其点击率带来的影响，但好的客服模块设计或许就是顾客询单的理由。顾客与网店客服通常是非面对面交流，因此会不由自主地去联想和猜测客服的年龄、样貌等信息。

所以，在客服模块里直观地使用真人头像能吸引顾客眼球、降低顾客的距离感更利于沟通，如下图4-147所示，更能让顾客产生信赖感。

图 4-147

本章小结

本章详细地介绍了淘宝天猫店铺的模块化设计，网店模块设置技巧需要结合店铺自身的特点，从活动、产品以及客户等因素进行综合考虑。设计师需要合理地布局模块，避免盲目地堆砌模块。同时，店招、收藏、关注和客服等互动性模块都是必不可少的，这有利于增加店铺的黏性，以及提升客户的忠诚度，是与顾客互动的销售利器。

店铺页面及运营推广图设计

本章导读

店铺页面和推广图是店铺"内功"的重要部分,不少卖家在运营的时候只注意到推广方面的技巧而轻视了店铺"内功"优化的重要性。如果店铺"内功"没打好,犹如"练拳不练功",往往会事倍功半浪费一些不必要的资源。本章我们将学习怎样来设计店铺页面及具有推广作用的主图、直通车图、钻展图、海报等。

知识要点

- 店铺首页设计
- 店铺运营推广图设计
- 首页海报/轮播图设计

5.1 店铺首页设计

愉悦或强烈的视觉感、清晰的浏览路径规划和良好的交互体验是提升店铺转化率的三大秘诀。在设计店铺首页前,需要先规划好设计要求、思路及模块,多参考同类目优秀店铺,根据受众人群、产品特点等,搜集相关资料,综合起来确定最佳方案,才能呈现最好的装修效果。

5.1.1 店铺首页设计的基本要求

1. 必备元素

不同类目店铺的首页装修会有一些差异,但一些元素是不可或缺的,如店铺名、Logo、导航栏分类、按钮、产品图片、文案等,在店铺首页设计前需将这类信息准备好才能进行后续设计。

2. 产品陈列及"分层"

首页设计需要以产品为依托,因此店铺首页需要陈列产品是毋庸置疑的。新卖家在刚开始的时候,急于给产品带来转化将大多产品"堆放"在首页而不合理规划,认为只要界面设计有震撼力,产品便能得到足够的点击和转化,事实上不是这样的。

对于SKU较多的店铺,如果首页产品没有一定的"分层",如主推款、热销款、引流款、上新款等划分,给顾客带来的感觉是整个店铺非常"平静",浏览的时候提不起兴趣。卖家想传递的是每款产品都很不错,但是顾客却找不到最满意的。这和我们看书是同样的道理,如果我们把每行都画上重点线,之后也就不知道哪里才是重点。如图5-1所示,对产品"分层"规划非常重要,不宜展示过多以免引起顾客审美疲劳,要把握好顾客心理。

对于SKU较少的店铺,例如数码、电器及一些设计产品类店铺,可在首页尽可能多或展示全部产品,如图5-2所示,使页面看起来更充实。

图 5-1　　图 5-2

3. 美观大方

美观大方是店铺首页设计和客户"最基本"的要求，但一千个人眼里有一千个哈姆雷特，所以对于审美也是因人而异的，没有哪件作品能让所有人都认为它完美。但在设计初期，对作品把控还不太成熟的情况下，只需要让自己的作品符合设计规范达到美观的目的。

各种设计行业都有一套专属的规范，在网店首页设计中，我们需要参考平面设计规范，有一定规则限制才能让店铺首页增强统一性，也能提升设计效率，除了必要的版式布局及配色外还需要注意以下2个细节。

（1）文字信息

不宜使用过于花哨的字体和过多的颜色，大部分人潜意识里会认为这些信息是广告，会在不经意间忽略掉，错过重要信息的同时也影响客户体验，如图5-3所示。合理搭配字体的大小，大的标题能引起客户的好奇心和兴趣点，次大字体补充说明让客户更加清晰明朗地接收信息，如图5-4所示。

图 5-3　　　　　　　　图 5-4

图 5-5

（2）控件按钮

部分店铺首页浏览起来显得很凌乱，重要的原因之一就是按钮类型没注意到样式及大小的统一。在人们的主观意识上，同等重要的信息"外观"应该是相同的，如图5-5所示。价格披露及引导购买按钮保持统一，更利于短时间内提取重要信息。

5.1.2 店铺首页设计的基本思路

店铺首页为顾客提供的信息量是非常大的，为了引导顾客能停留更长时间来了解商品信息提升兴趣点，在设计首页的时候就要花更多的心思。以服装类目为例，在产品定位、目标人群、品牌色彩基本确定的情况下，我们还可从以下3点构思。

1. "便宜的首屏"

"首屏"是指顾客进入店铺首页后不需要滚动鼠标所能看到的第一屏内容，主要包含店招、导航、海报模块，向下滚动一屏称之为第二屏，以此类推第三屏……目前整个淘宝流量都往移动端倾斜，所以在首页设计时要同样注重PC端和移动端。在进入店铺首页前几秒内，如果没有抓住顾客的"兴趣点"或"利益点"，那无疑是失败的。因此，"首屏"应最大可能地展示活动折扣、限时促销或品牌文案等能引起共鸣的内容，如图5-6所示，营造一种"现在购买最划算"的氛围。

图 5-6

2. "补刀的第二屏"

店铺首页第一屏展示了最优惠的活动力度，如果没能将客户引导到对应的商品或活动承接页上，建议第二屏放上店铺优惠券、其他类型优惠活动以及商品分类，不少顾客会有明确的购买品类，因此在第二屏最好将分类明细展示出来方便直接点击进入，如图5-7所示。

3. "热卖的第三屏"

前两屏已经准备了折扣与分类，如果客户还没选到满意的商品继续浏览的话，第三屏建议放上当前热销款或店铺主推款，如图5-8所示。从消费心理角度分析，既没选择折扣款也没明确地进入分类项购买，可以用"从众"的心理引导顾客选择大家都喜欢的款式。

图 5-7　　　　　　　　　　　　图 5-8

5.1.3 店铺首页设计包含的模块

1. 店招

店招就是装修模块中的店铺招牌，该模块装修只能被店铺添加一次，如图 5-9 所示，包含导航栏在内不能超过 150 像素的高度。

店招上信息展示不宜太多，以简约为主突出品牌，结合店铺配色进行设计，通常以"品牌 Logo""收藏""优惠券""主推款""分类导航""搜索框"来进行设计，如图 5-10 所示。

导航栏通常会将"店铺首页""活动页""产品大分类""品牌文化""搜索框"展示出来起引导作用，正常情况下是最左 3 个导航分类点击率最高，也可在靠右导航分类下使用标红字体或动画吸引点击，建议导航分类总共不超过 9 个。

图 5-9　　　　　　　　　　　　图 5-10

2. 海报及轮播

店铺首屏海报及轮播建议做成全屏 1920 像素宽度尺寸，高度建议不超过 600 像素。目前旺铺智能版可直接在店铺内装修全屏海报及轮播，高度限制在 540 像素。如图 5-11 所示，海报设计需结合店铺色彩打造视觉冲击力，文案精练，突出店铺活动，能给顾客带来购买欲望。

图 5-11

轮播是多张海报滚动组合，首屏轮播具有强大的"分流能力"。为避免错过首屏下方内容，建议轮播不超过3屏，过多轮播也容易让顾客眼花缭乱，造成视觉疲劳。

3. 优惠券及产品分类

优惠券及分类通常占据店铺首页的"第二屏"，是顾客较容易浏览到的位置，如图5-12所示。设置适当价位的优惠券，除了能提升转化率，带动部分顾客为了"满减"购买多件，同时还能提升连带率和客单价，作用非常明显。

4. 产品展示

店铺首页对产品陈列展示是必然的，但也要讲究一些技巧合理排序。建议将热销款、主推款或应季款陈列在最上面，如果做活动促销还可将特价款陈列在最上面更容易促成销售，如图5-13所示。

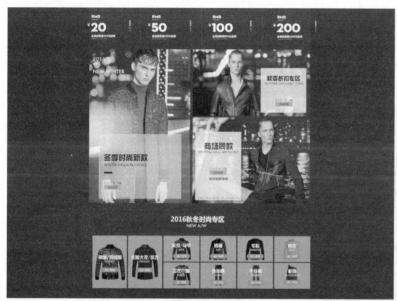

图 5-12

图 5-13

5. 分类/客服旺旺

因客服旺旺组通常所占首页高度不多，在大面积图片中夹杂着不易被顾客看到。所以通常和色彩较为简洁的商品分类放置在一块，如图5-14所示，顾客在遇到问题时也能及时点击咨询店铺客服。

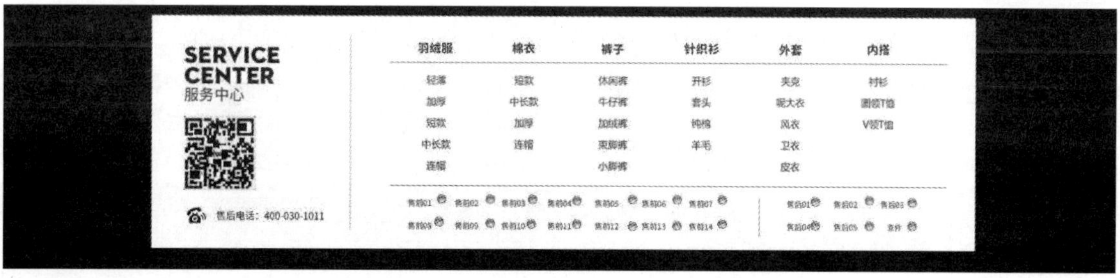

图 5-14

6. 悬浮导航

如果店铺版本升级为"智能版",模块里预设有悬浮导航模块,尺寸上建议选择宽度小于 200 像素、高度小于 600 像素,类型为 JPG、PNG、GIF 格式的图片。如图 5-15 所示,悬浮导航可在顾客向下浏览商品时一直悬停在屏幕侧方,通常点击热度较高,建议可将店铺大分类、活动及优惠券设计在悬浮导航模块上。

7. 店铺页尾

同"店招"一样,在 PC 端各个页面底端都能浏览到"店铺页尾"模块,如图 5-16 所示,通常可将商品分类、"回到顶部"及"所有宝贝"设计在此模块上减少顾客跳失率。

5.1.4 店铺首页设计方法

在设计店铺首页之前,多与甲方客户沟通是关键,店铺风格、色彩、布局都可先行沟通到位。在前期沟通之后可拟布局草图,得到甲方客户认可之后再进行设计,优惠券、客服、悬浮模块部分,客户可能没有硬性要求,规划草图如图 5-17 所示作为参考。配色及大体布局确立之后,首页设计就变得明确起来,按照草图设计出的初稿通常不会有过多的修改,如图 5-18 所示。

图 5-15

图 5-16

图 5-17

图 5-18

5.1.5 店铺首页设计切图及应用到店铺

在 Photoshop 软件里将店铺首页设计完毕并交由甲方客户预览满意后需要应用到店铺，这时图片过大需要切片及添加链接之后方可应用在店铺首页。需要注意的是，淘宝官方旺铺版本目前只有购买智能版才支持全屏（通常指 1920 像素宽度）海报装修，除此之外，可购买第三方装修模板或为切片代码添加上全屏代码也能使图片达到全屏的目的，具体操作步骤如下。

第1步 使用 Photoshop 软件打开图片后，单击菜单栏"视图"→"标尺"命令打开标尺工具，快捷键为【Ctrl+R】。鼠标移至打开的标尺工具横轴，单击并拖拽出参考线至图片需要分割的地方，建议选图片模块间缝隙的部分避免将商品或模特主体分割，如图 5-19 所示。

第2步 鼠标左键长按"裁剪" 工具，在弹出的选项框中选择"切片工具" ，然后单击选项栏"基于参考线的切片"命令生成切片，如图 5-20 所示。

图 5-19

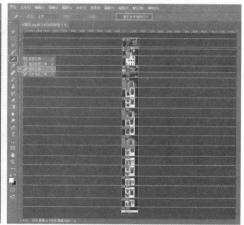

图 5-20

第3步 点击菜单栏"文件"→"导出（E）"→"存储为 Web 所用格式（旧版）…"命令，快捷键为【Alt+Shift+Ctrl+S】，选择保存格式及质量后点击"存储"命令会弹出保存对话框，如图 5-21 所示。单击"保存"命令会在桌面生成"Images"图片文件夹和"AJ 首页"的 html 格式文件，如图 5-22 所示。

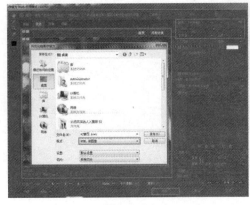

图 5-21

图 5-22

第4步 将 Images 文件夹里的图片上传至商家店铺的图片空间内,如图 5-23 所示。为避免后续图片过多造成混乱,建议将图片空间建立文件夹进行合理分类。

第5步 使用 Dreamweaver 软件打开之前切片生成的"AJ首页"html 格式图片,如图 5-24 所示。

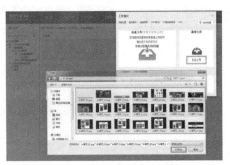

图 5-23

图 5-24

第6步 删除切片代码前端灰色及之前部分、末尾灰色及之后部分代码，如图 5-25 所示。

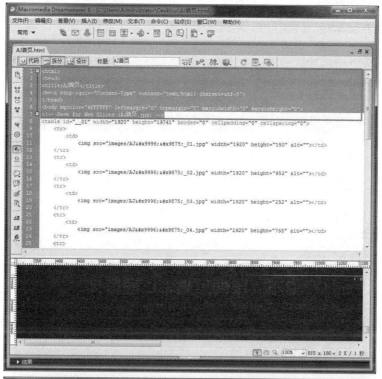

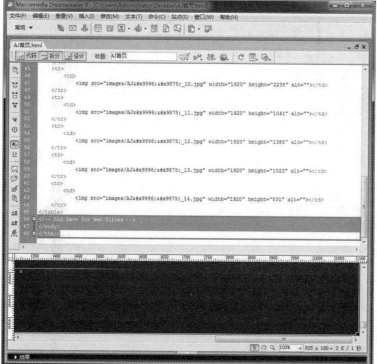

图 5-25

第7步 因切片代码包含导航栏及页尾图片,在淘宝装修中店招、页尾模块与主体内容模块是分开装修的,所以在代码中需将其删除。代码总体高度亦需减去店招和页尾图片的高度,如图5-26所示,若切片代码不包含店招模块及页尾模块内容可跳过此步骤。

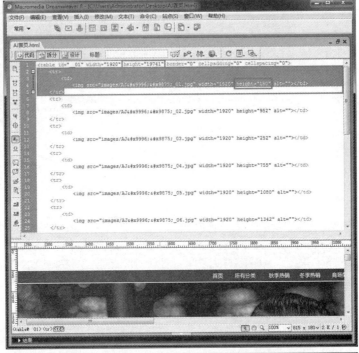

图 5-26

第8步 在淘宝平台装修无法识别本地图片路径,需要将其上传至图片空间的图片地址,与 Dreamweaver 软件中切片代码部分图片地址一一对应替换,注意不要替换出错,如图 5-27 所示。旧版本 Dreamweaver 中可能无法加载"https"格式开头路径图片,如需在 Dreamweaver 中预览,可删除图片地址"https"中的"s"。

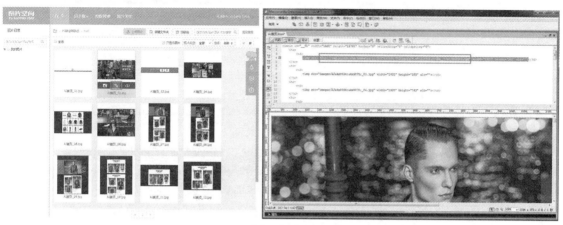

图 5-27

第9步 替换完所有对应图片地址后,需要为图片加入相应的热点链接,如图 5-28 所示,使用 Dreamweaver 软件中"热点"工具 在图片上拖动框选需要添加链接的地方,在"链接"框填写跳转地址,在"目标"选项框选择"_blank"。

第10步 为所有图片添加完热点链接后,根据店铺版本为切片代码添加上全屏代码让其能在淘宝首页全屏展示,如图 5-29 所示。

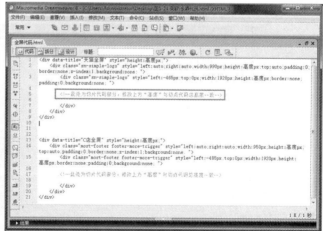

图 5-28　　　　　　　　　　图 5-29

第11步 在代码窗口使用快捷键【Ctrl+A】全选所有代码,使用快捷键【Ctrl+C】复制,然后登录淘宝店铺进入"卖家中心",在左侧"店铺管理"下选择"店铺装修"进入店铺首页装修界面,如图 5-30 所示。

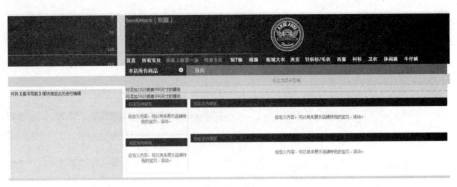

图 5-30

第12步 从左侧模块栏拖动"自定义区"模块到右侧990像素宽度区域,鼠标移至其上单击"编辑",如图5-31所示。

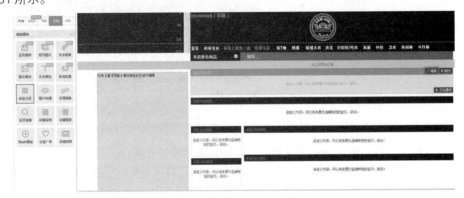

图 5-31

第13步 在弹出的编辑框左上角"显示标题"栏选择"不显示",然后单击 <> 样式按钮切换成源码模式编辑。在下方文本框中粘贴之前编辑完成的代码,如图5-32所示,代码粘贴完成后单击"确定"。

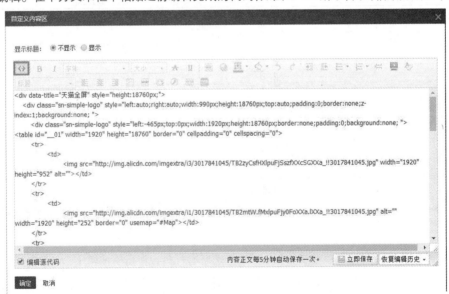

图 5-32

第 14 步 如图 5-33 所示,可在预览下拉列表中选择"电脑预览",确认无误后单击"发布站点"即可。

图 5-33

大师点拨 17:根据产品 / 品牌准确定位店铺风格

顾客进入店铺后,通常根据看到的第一印象来定位产品及品牌风格,第一印象往往会产生"先入为主"的影响。而承载店铺的核心是产品本身,为避免顾客在购买体验过程中的心理落差,根据产品 / 品牌来定位店铺装修风格后才能更好地提升视觉体验、打造品牌价值。

关于品牌定位的要素目前已有相对完整的定论,主要根据公信力、相关性和差异化来确立。如图 5-34 所示,公信力是品牌定位最核心的要素,在品牌营销中的宣传、广告、产品等维度,公众信任信息都是真实可靠的才能体现品牌的公信力,也是品牌最有价值的竞争力;相关性是品牌定位及其核心价值符合已消费群体的需求,并能被未消费的群体列入考虑范围和购买清单;差异化是品牌在定位中需要考虑到自身产品特征和卖点有别于竞争对手,并且符合消费者的需求。

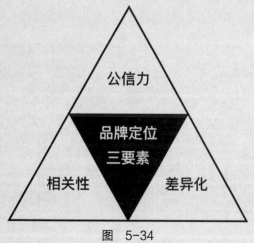

图 5-34

店铺风格的主色调应让顾客有辨识度并且具有延续性,一旦确定最好不要经常更换,这更容易形成品牌的视觉效应。如图5-35所示,以品立男装为例,其产品多以黑色为主,店铺风格与产品保持高度统一。

图 5-35

大师点拨18:选择合适的装修模板

使用淘宝装修市场旺铺模板(网址 https://zxn.taobao.com/index.htm,如图5-36所示),一定程度上能节省时间成本,不少模板还带有动画特效,丰富店铺视觉效果。其价格多在30~200元/月,可根据店铺装修需求考虑选购。

图 5-36

装修市场模板虽多,也不是每款都适合店铺,所以在选择时需要注意以下几点。

1. 用需要购买模板的淘宝 ID 登录购买。

2. 确定店铺的旺铺版本,购买对应版本的模板,如图 5-37 所示。

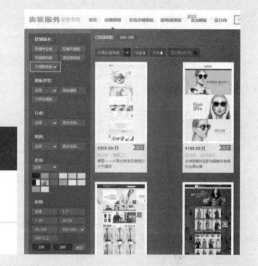

图 5-37

3. 根据店铺类目、风格、色系及预算价格等去选择模板,如图 5-38 所示。

图 5-38

4.一定要先试用测试是否满足个性化需求,如图 5-39 所示。模板一旦购买通常无法退换。装修模板包含设计师对店铺装修的理解和规划,模板中的个性化功能或设置正是能体现品牌特色或更具备竞争力的地方。所以,购买前一定要先行试用,确认无误后再付款。

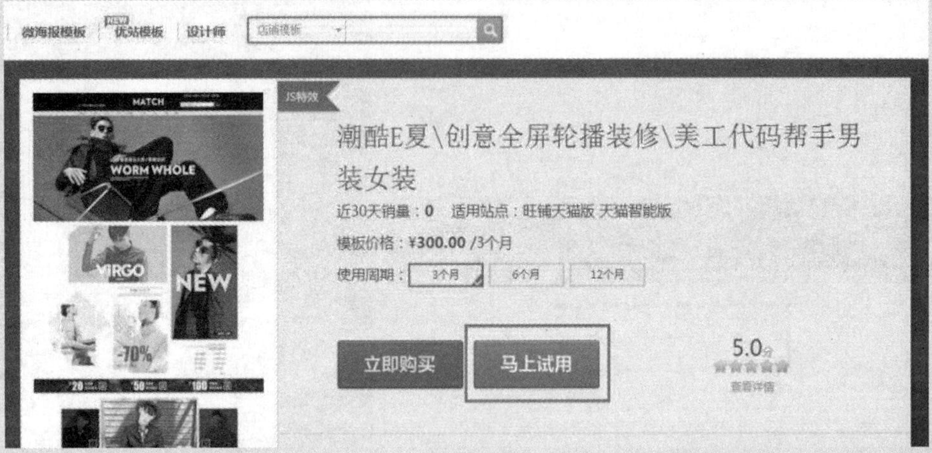

图 5-39

5.2 店铺运营推广图设计

推广图是顾客进入店铺之前的第一道关口,因此能吸引顾客眼球是关键,能引导顾客点击是目的。所以,不同类型的推广图在作用上是具有共性的。在图片展现量相同的情况下,如果点击率提升一倍,即使转化率保持不变,对应商品的销售额也会提高一倍,可见一张优秀的推广图何其重要。

目前淘宝能产生推广作用的图片主要有三种:产品主图、直通车图与钻展图,如何设计出能让顾客产生兴趣并点击进店铺的推广图?在本节内容中将得到答案。

5.2.1 产品主图的设计

产品主图是顾客进入店铺的重要途径,能传递品牌形象和定位,上传之后最好不要经常更换以免影响产品搜索权重。建议尺寸 800 像素 ×800 像素以上方形图顾客可放大查看,主图设计除了遵循常规设计规范还需要注意以下 3 个方面。

1.品牌可视化标识

在主图设计上,不得不说品牌可视化标识是一种全新的方向。很多大牌的商品主图历来都保持一定程度的统一而不会改变,久而久之就形成一种极易辨别的标识,在淘宝琳琅满目的商品中形成一股独有的清流。如图所示，在设计层面上或许并不复杂，但要形成一种品牌标识，需要"独到"与"坚持"。如图 5-40 所示。

图 5-40

2. 布局

如果没有形成品牌可视化标识，主图设计要注意产品布局。突出产品是必要的，在一张图上如果没有一定的比例或干扰元素过多，势必会影响顾客对图片信息的筛选，从而影响判断。同时还应控制产品比例，突出不等于越大越好，建议将商品主体控制在主图的 61.8%（黄金比例）符合视觉审美习惯，部分类目如小饰品需根据实际情况来布局展示。主图应铺满画布，避免出现过多文字或水印影响美观，如图 5-41 所示。

3. 背景

优化主图背景需要和商品类目结合起来，普通器件可通过图片后期处理达到不错的效果，大多数就要从拍摄源头解决背景问题。如图 5-42 所示，搜索"婚礼头饰"关键词商品销量 TOP8 可见，使用模特穿戴的图片效果

图 5-41

更受买家欢迎。服装类目通常需要通过商品定位及风格、模特姿势及表情、拍摄场景及道具等来确定效果，如图 5-43 所示，场景化运用展示出穿着环境，让顾客对其效果有更加直观的了解，一定程度上能减少商品退换率。

图 5-42

图 5-43

5.2.2 直通车推广图的设计

直通车推广是淘宝使用比较多的推广方式，和商品选款、关键词投放、时段和地域等都有重大联系，但直通车图的视觉效果重要性是毋庸置疑的，点击率的高低影响最终的推广效果，所以在设计上需要考虑更周全。尺寸方面和主图相同的方形图主要用于单品推广，另外一种竖型图尺寸210像素×315像素用于全店及分类推广。除此之外，直通车推广图设计还需注意以下3个方面。

1. 投放位置

直通车推广出价的高低一定程度上决定了直通车图片展示的位置,在设计之前要先了解直通车图在淘宝的位置。如图 5-44 所示,主要集中在产品搜索结果的右侧和下方,通过前期位置预估在直通车图片设计上作出一些差异化调整,可避免和周边产品同质化。

图 5-44

2. 测试点击率

与商品主图不同的是,直通车图片是可以根据需要来更换的。因此,在投放前期可多设计几张不同风格的商品图,先小范围投放测试点击率,在直通车报表中筛选出表现最好的或根据结果来优化成更优秀的推广图,如图 5-45 所示。

图 5-45

图 5-46

3. 卖点及特性

商品卖点及特性是推广图必不可少的，在设计前要将其提炼出来，以图 5-46 为例，商品卖点可以是品质、价格、活动等，我们在图中能迅速获取到"进口品质""特价活动"的信息，在图片整体还不错的情况下能引起顾客兴趣。在产品特性方面，能提取到"波比绒""暖和"的信息，在秋冬季节能增加吸引力。

5.2.3 钻展图的设计

钻展图是钻展推广的灵魂，其创意优劣直接决定点击率和点击成本，投放的位置也越来越多。如图 5-47 所示，一些钻展图的点击热度甚至能达到 70% 以上。关于点击热度，可理解为点击率

图 5-47

的一种体现形式，官方解释是根据创意投放当月的总体 PV 和 Click 数据计算而来。通常情况下，钻展图点击率在 8% 以上算不错的创意，怎样才能设计出高点击的钻展图？还需要掌握以下几种秘诀。

1."逆天"的文案

钻展图配上"逆天"的文案才会相得益彰，在设计前构思一些有创意的文案是非常必要的，可以从以下几个方向去挖掘。

① 产品特性，如图 5-48 所示。

图 5-48

② 品牌实力，如图 5-49 所示。

图 5-49

③ 活动促销，如图 5-50 所示。

图 5-50

④ 季节上新，如图 5-51 所示。

图 5-51

⑤ 创意突破，如图 5-52 所示。

图　5-52

2. 图文版式

通常焦点图建议都遵循"左文右图"的规则，如图 5-53 所示即文字放左侧，图片放右侧。

其实也不尽然，创意的本身需要根据实际情况体现，如果文案够吸引，就将文案放左侧；如果商品够吸引，建议将商品放置在左侧。也就是说将最重要的部分放置在左侧，如图 5-54 所示，同样也会有不错的点击量。

图　5-53

图　5-54

3. 美女相伴

发现美是人类的天性，在创意图片设计中利用这种"特点"巧妙地将美融入图片中，如图5-55所示。在实际投放测试中，有美女模特比只放置产品图通常表现更佳。

图 5-55

大师点拨19：主图视觉表现注意事项

淘宝主图的核心功能就是传递信息，所以要让主图在顾客浏览的第一印象中得到认可，吸引顾客能够继续浏览。主图视觉情况极大程度上会影响点击率，所以在设计时更需要注意以下事项。

1. 一张主图不要出现多个商品

部分商家为了突出商品有多色选择，将所有颜色图片都放在主图上，实际上，主图呈现的商品越多，商品就越不突出，甚至会给人"廉价"的印象，如图5-56所示。所以，一张主图最好只放一件商品，如果商品有多种颜色且一定要放在主图中，可以以小色卡的形式展现。

2. 主图背景不要太复杂

主图的背景最好不要太复杂，越复杂越会分散顾客的注意力，影响销售，如图5-57所示。反之，越简单的背景越能突出商品主体，恰当地使用对比色也是很好的选择。注意：在主图设计时最好让商品充满主图区域，这样在突出商品的同时能让顾客更清晰地浏览。

图 5-56

图 5-57

3. 不要将商品细节放入主图

在淘宝搜索商品时，主图图片会相应地进行缩减，如果主图中放入了商品细节图，那么在缩小的时候，不仅细节看不清，而且会影响商品主图的清晰度，如图5-58所示。所以最好不要在主图中放置商品细节图。

4. 不要在主图中添加夸张的水印

水印实际上是商家为了保护图片版权而自行添加的，恰当的水印是可以使用的。但是，如果在主图中添加了夸张的水印，会严重影响主图的展示，如图5-59所示。所以，尽量不要在主图中添加夸张的水印。

图 5-58　　　　　　图 5-59

大师点拨20：直通车图，好看的不一定是最好的

直通车图设计遵循一个原理就是迎合顾客，唯有顾客觉得好的才会点击，才有更可观的点击率。推广图本身就应用点击数据"说话"，设计师本身主观上认为的"好看"不一定是最好的。

如图5-60所示，直通车推广图大多周边都是同类产品，差异化是吸引眼球的重要方式，鲜花在满园鲜花中当然不会比在绿叶中更耀眼。因此，突出特点才是直通车图正确的设计方式，当然设计得好看又有特点的话想必结果都不会太差。

图 5-60

5.3 首页海报/轮播图设计

海报是一种较吸引眼球的广告形式，其主要由图案、文字、色彩三大编排元素组成。海报设计必须要有号召力和艺术感染力，通过调动形象、色彩、构图等因素来形成强烈的视觉效果。一张好的海报可以吸引顾客进店，也可以生动地传达店铺商品信息和各类促销活动情况，是打折、促销、包邮、秒杀等活动宣传的重要通道。

5.3.1 海报的视觉要点

1. 视觉线牵引

即设计师利用点、线和面来牵引顾客的视觉关注，让顾客随着设计师的视觉思维对商品产生兴趣，如图 5-61 所示，视觉关注主要在蓝色的线条上，然后运用其作为牵引线，让视线牵引到人物最后到衣服上。

2. 色彩诱导

通过对比色或近似色的设计，引导顾客视觉重心聚焦于商品，如图 5-62 所示，主体色块运用了红色，背景采用的浅粉色与主体色块形成强烈的对比，褐色字母和色块在平衡色彩对比的同时也对海报图进行了点缀，整个画面看起来十分和谐。

图 5-61

图 5-62

3. 层次诱导

设计出商品与元素之间的层次感，能在分散顾客多余视线的同时突出商品的主题特点，这是比较直接且有效的设计方式，如图 5-63 所示，利用虚实凸显层次，从而将顾客视线转移到商品上。

4. 商品比例

海报的核心是衬托商品，可采用直接凸显商品尺寸的形式，也可根据其本身的比例关系，在视觉上追求平衡，从而推出商品自身的视觉重点，如图 5-64 所示。

图 5-63

图 5-64

5.3.2 海报图制作

海报图对于卖家来说并不陌生，但很多时候也难免会束手无策。如果要将商品原片打造成适用于一些特定风格的海报，更需要一些创意性的想法，也需要一些合成的基本理论知识，如服装类产品在拍摄前期需要考虑到模特姿势问题，否则后期海报制作中会遇到诸多限制。

尺寸方面淘宝店铺海报图默认宽为 950 像素，天猫店铺海报图默认宽为 990 像素，高度建议在 600 像素以内，以图 5-65 所示服装原片为例，打造圣诞节气氛风格海报效果如图 5-66 所示。

图 5-65　　　　　　　　　　图 5-66

具体操作步骤如下：

第1步 收集圣诞节相关素材如图 5-67 所示，见"光盘 \ 素材文件 \ 第 5 章 \ 圣诞海报素材"，然后在 Photoshop 软件中，新建一个"宽度"为 990 像素，"高度"为 600 像素，"分辨率"为 72 像素 / 英寸的文档，如图 5-68 所示。

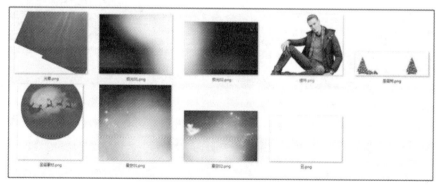

图 5-67

第2步 新建图层，命名为"新背景"，填充色号"#0d3349"。置入"极光01""极光02""星空01""星空02"素材并将其图层混合模式均调整为"滤色"，见"光盘\素材文件\第5章\圣诞海报素材"文件夹。然后使用移动工具 将各素材图层移动到相应位置，最后按住【Shift】键选中所有素材层和"新背景"层，使用快捷键【Ctrl+G】建立图层组，命名为"step1"，如图5-69所示。

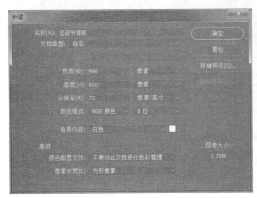
图 5-68

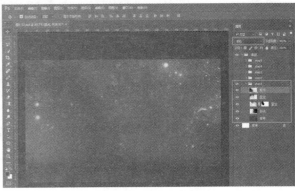
图 5-69

第3步 置入"圣诞素材"，见"光盘\素材文件\第5章\圣诞海报素材"文件夹。新建"色彩平衡"调整图层降低其"中间调"中的"青色"，并在该图层上单击鼠标右键，在弹出的选项栏中选择"创建剪贴蒙版"。

第4步 新建图层，使用"画笔"工具，将"前景色"设置为黑色，"大小"设置为200像素，"不透明度"设置为54%，在画布四周边缘涂抹增加"暗角"压暗背景边缘，最后按住【Shift】键选中圣诞素材、色彩平衡和暗角图层，使用快捷键【Ctrl+G】建组，并将组命名为"step2"，如图5-70所示。

第5步 置入"圣诞树""云"素材，见"光盘\素材文件\第5章\圣诞海报素材"文件夹，使用"移动工具"将其移动到合适位置，对"云"素材复制和变形突出层次感，然后使用快捷键【Ctrl+G】新建组，命名为"step3"，并将本步骤中新增的图层拖动到组中，如图5-71所示。

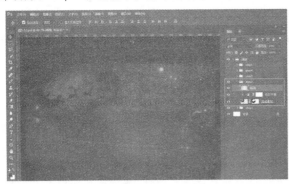
图 5-70

图 5-71

第6步 置入"模特"素材，见"光盘\素材文件\第5章\圣诞海报素材"文件夹，利用蒙版擦除边缘有瑕疵的部分，使其与"云"素材更加融合，如图5-72所示。为"模特"图层添加"内发光"图层样式，设置"内发光颜色"为环境蓝色，色号"#183c6c"。然后回到图层面板，右击"内发光"图层样式，在弹出的选项中选择"创建图层"将图层样式分离开来。新建"色彩平衡"调整图层增加"中间调"的"蓝色"，将其创建为剪切蒙版。再使用"中性灰"修图方式（见本节后"问"）重塑模特明暗光影，最后使用快捷键【Ctrl+G】新建组，命名为"step4"，并将本步骤中新增加的图层拖动到组中，如图5-73所示。

第7步 再次置入"云"素材对模特前排拍摄构图不完整的地方进行遮挡，主要针对模特手和脚的部分。然后置入"光晕"素材，见"光盘\素材文件\第5章\圣诞海报素材"文件夹，模式设置为"滤色"，使用蒙版对图层边缘进行遮罩，然后使用快捷键【Ctrl+G】新建组，命名为"step5"，并将本步骤中新增的图层拖动到组中，如图5-74所示，最终效果见"光盘\结果文件\第5章\圣诞节海报.psd"。如有需要可再行设计文案组介绍店铺活动等，完成海报图的设计。

图 5-72

图 5-73

图 5-74

问：什么是"中性灰"修图？

答："中性灰"是比较常见且较为专业的商业修图方式，通常用来针对人像磨皮，也常用于照片后期重塑光影。但耗时较长，建议根据自身习惯选择是否深入学习。这里简要介绍"中性灰"修图的主要操作步骤。

第1步 在需要调整的图层上新建图层，命名为"中性灰"，使用"50%灰色"填充或使用颜色"#808080"进行填充。

第2步 将新建的"中性灰"图层模式设置为"柔光"，此时该图层对全图未产生效果。

第3步 （粗略修图可跳过此步）建立图层组，命名为"观察组"，新建"黑白"和"曲线"调节图层并放进"观察组"中以便将图像以黑白色显示方便观察。

第4步 选中"中性灰"图层，放大窗口图片显示比例方便观察细节。选中"画笔工具"，使用白色、柔角画笔，低不透明度和低流量，将图片中过暗的地方涂亮。

第5步 使用黑色、柔角画笔，低不透明度和低流量，把图片中过亮的地方涂暗，使整幅图明暗过渡自然。

5.3.3 全屏海报图设计

全屏海报与普通海报最大的区别就在于尺寸宽度不同，宽度通常设置为 1920 像素，其设计方式与普通海报一致，本节就不再赘述。

下面以图 5-75 海报为例，简要介绍全屏海报的操作。

图 5-75

第 1 步 在 Photoshop 软件中，新建一个"宽度"为 1920 像素，"高度"为 800 像素，"分辨率"为 72 像素/英寸的文档，如图 5-76 所示。

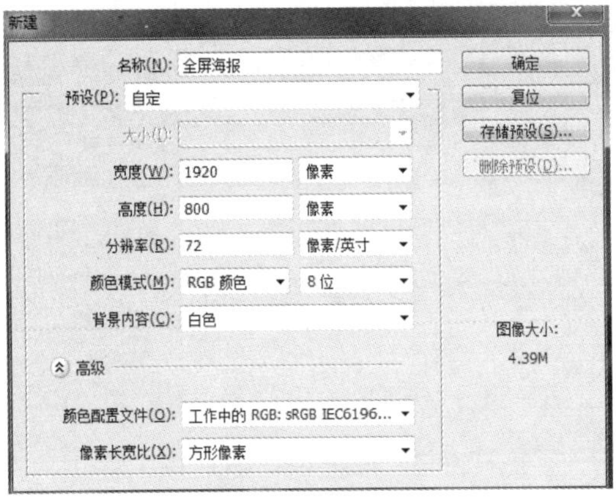

第 2 步 添加产品形象图素材，见"光盘\素材文件\第 5 章\全屏海报形象图 .jpg"，调整色彩及光影使商品与环境色统一，如图 5-77 所示。如果商品原片背景美观符合需求亦可直接使用，避免进行合成制作增加时间成本。

第 3 步 制作文案组背景。将 Photoshop 软件的前景色设置为黑色，利用"矩形工具"画出一个黑色矩形，将"填充"或"不透明度"改为 50%，即出现如图 5-78 所示的背景效果。

图 5-76

图 5-77

图 5-78

第 4 步 在矩形背景上输入文案并优化排版，如图 5-79 所示，全屏海报图最终效果见 "光盘 \ 结果文件 \ 第 5 章 \ 全屏海报 .psd"

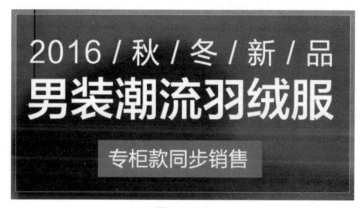

图 5-79

5.3.4 全屏轮播图设计

全屏轮播图通常为两幅或者两幅以上的全屏海报进行滚动轮播，两幅海报的尺寸应保持统一，其设计方法与全屏海报一致，尺寸宽度为 1920 像素，高度建议在 600 像素以内。

需要注意的是在店铺装修的基础模块中，旺铺智能版有专门的"全屏轮播"模块，如图 5-80 所示，对于其他旺铺版本不能直接使用，需要运用到一些代码知识。

图 5-80

大师点拨 21：双 11 活动海报设计经验与技巧

　　双 11 已成为淘宝最重要的大促活动日，在这天抓住销量与转换很可能达到店铺全年销售额的 50% 以上。要让店铺流量实现更高的转化率，视觉设计是必不可少的，在活动海报设计上，要体现出活动气氛引导顾客下单。

　　好的大促视觉装修不仅仅是红色洋溢的店铺风格，还要结合店铺产品、推广、文案、顾客心理等因素，在不同阶段做出不同的调整，才能更好地提升转化率。图 5-81 所示是不同类目店铺在双 11 活动时打造的具有鲜明特色的海报。

图 5-81

　　从以上品牌双 11 海报都能看出促销氛围，但色调上并不都是红色，应从产品、品牌、季节等因素综合考虑选择色调有利于品牌视觉识别；在装修上适当地使用一些 GIF 动态图或动态特效也能增添吸引力。

本章小结

　　本章主要学习了店铺的首页模块构成、运营推广图及相应的海报图设计，设计师在进行设计构思时，要注意结合店铺商品的特点，通过发掘商品优点，使顾客有更好的购物体验。

网店的详情页设计

本章导读

网店商品详情页是直接决定交易成功与否的关键因素，详情页可以展示商品的所有信息，包括商品特性描述、商品细节，发货说明等。一个成功的详情页，对于顾客理解商品特性、操作便捷度和视觉体验，都是格外有帮助的。

知识要点

- 详情页的设计思路
- 详情页的设计内容
- 详情页的设计要点

6.1 详情页的设计思路

所谓"有道无术,术尚可求,有术无道,止于术也",有科学的理论做指导,方可事半功倍。所以在详情页设计之前思路很重要,这直接关系到最终的成效。

6.1.1 宝贝详情页的作用

详情页就是详细介绍宝贝情况的页面,其包含了产品以及要传达给顾客的所有信息,好的详情页能进一步激发顾客的购买欲望。

不同类目商品的详情页设计上也有所不同,例如电器商品,需要在详情页面注明商品的使用说明以及注意事项,能够让客户对商品有进一步的了解;服装鞋包类目商品则需要各SKU具体尺码信息,描述上要突出产品的优势和功能,例如材质、性能和使用环境等。详情页需要具备吸引力、说服力和执行力。当然,商品风格定位、价格定位、人群定位、前期的详细市场调查以及各种设计元素的确定,都影响最终转化结果。

要充分了解商品针对群体的心理,顾客群体想看到什么信息,就需要展现什么信息并且在此之上还能有更为独到的营销点。详情页能产生的营销效果通常有两种:一种是选择性营销,另一种是强制性营销。一些大品牌商家有较高的产品数据分析能力,采用选择性营销方式,通过数据分析能抓住顾客心理并在商品详情页上体现出来,让顾客理性对比购买,购物体验较好,退换货率也非常低,对品牌是非常有利的。普通商家在圈选顾客人群及数据分析上要弱一些,通常采用强制性营销方式,即将商品卖点尽可能多地展现出来,强制灌输给顾客我的商品是如何优秀并对比友商商品来证明,解决顾客"为何要买""为何现在买""为何在我家买"的问题,以此打消顾客的疑虑而实现购买。这样顾客在消费上属于冲动型,后期可能产生较多的售后问题,顾客体验不会太好。

除此之外,与实体店铺不同的是,网店顾客只能通过宝贝详情页去了解商品质量,因此宝贝详情页对于整个店铺有着举足轻重的作用。

6.1.2 宝贝详情页的组成元素

详情页就是要让顾客更详细地了解所需要的信息,所以设计上商品信息要尽量详尽。但详情页的组成元素也不是一味地铺陈，主要有以下几种组成元素。

1. 情景海报图

通常产品详情页前3屏决定客户是否想购买产品，在前3秒钟必须引起客户的注意力否则流失的可能性非常高。情景海报图是视觉焦点，能在第一时间吸引顾客眼球，如图6-1所示，将衣服的上身效果及穿着场景图展示出来能增强顾客对商品的关注。

2. 顾客需求

根据FAB法则，给顾客一个购买的理由。如图6-2所示，要在商品详情页中让客户看到产品的品质及安全性，并能实际解决的使用需求。

图 6-1

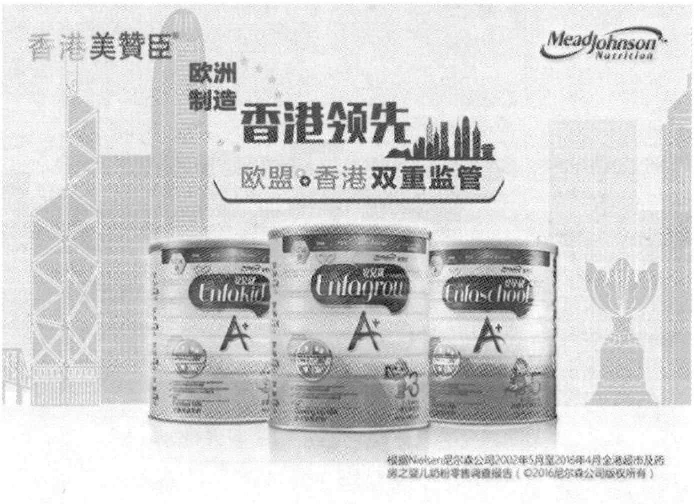

图 6-2

3. 商品参数

数据是最好的证明，如图6-3所示，这些硬指标信息具有很强的说服力，大部分顾客可能不会太在意这些参数，但是将数据展示出来能让顾客对产品更加信任。

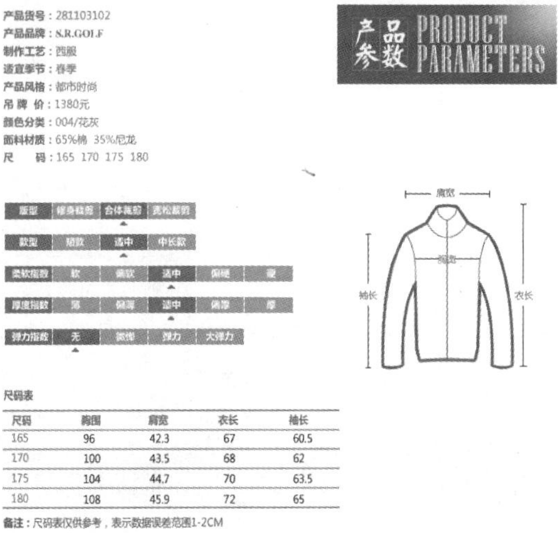

4. 商品全方位展示图

如服装类目除了衣服的正反面效果展示，如图6-4所示。通常还需要模特的全方位甚至穿着环境展示，如图6-5所示。

5. 商品细节

细节图是顾客了解商品的重要渠道，也是顾客感知商品品质的重要方式。如图6-6所示，衣服的领口、袖口、纽扣、拉链、下摆、口袋、面

图 6-3

图 6-4

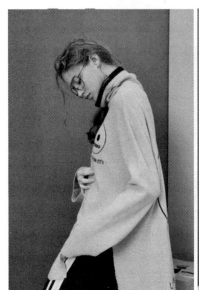

图 6-5

图 6-6

料等在详情页中均可展示出来,减少顾客因商品信息不完整而流失或咨询客服的时间成本。

6. 商品包装

如图 6-7 所示,好的商品包装能降低顾客收到商品时的期望落差,提升品牌形象及产品质感,可谓一举多得;如果有实体店的商家,还可在详情页上展示店铺实力,让顾客更加信赖,如图 6-8 所示。

图 6-7

图 6-8

7. 售后以及物流问题

如图 6-9 所示,解决客户想要了解的各种问题,例如快递到达时间,默认快递种类,色差及售后等等,也会减轻客服不少询单压力。

图 6-9

6.1.3 设计详情的前提

详情设计虽是视觉上的表达,但切忌天马行空。再好的创意,与产品不着边际,仍是徒劳无功的,设计详情需遵循两个前提。

1. 详情页风格要符合主图和标题

如果商品标题是清新、文艺、素雅的棉麻女装,商品详情页图片却是欧美街拍的风格,二者的风格差异太大。顾客从商品主图浏览到详情页面时看到的并不是想看到的,通常不会花费时间继续浏览下去,更别说下单购买。配色、字体、背景素材等都会影响整个画面的和谐度,如图 6-10 所示,"统一"才会让顾客浏览更加顺心,主要表现在以下 5 个方面。

（1）总体色彩

（2）结构

（3）商品图

（4）标志性元素

（5）背景图及背景颜色

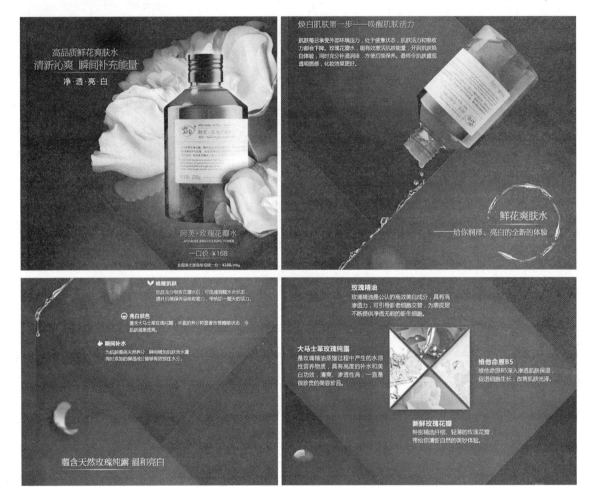

图 6-10

2. 商品信息描述要真实

保证商品信息描述的真实性是诚信经营的第一步，不少服装卖家为了吸引顾客将面料只有90%左右的棉成分写成"纯棉"，容易误导顾客。同时，新的《广告法》对极限词都有规定，这在详情设计中是必须要注意的。

我们需要把商品的优点提炼成为打动顾客的卖点，对于其固有缺陷要尽量淡化，毕竟主动暴露短板不是明智之举。

6.1.4 设计前的市场调查

商品详情页设计前,建议先进行市场调查,对全局把控得越准、展示的内容就越贴近消费者心理,商品转化率才会更高。市场调查能洞悉市场前景、规避同行缺点、掌握市场规律、紧跟流行趋势,不经过市场调查的商品详情页设计犹如闭门造车,无法更好地打动顾客。

市场调查通常分为两个方面。

1. 同行竞品调查

了解同行竞品的优势和缺点,商品销量高的原因和详情页呈现的缺点等,制定对此规避的方案。趋利避害扬长避短,对于好的方面,我们可以模仿借鉴,并结合自身特点,进行发扬。设计的灵感并不局限于本行业,不同的领域皆有可能碰撞出火花。

2. 消费者调查

分析消费者人群及消费能力、购买喜好和购买所在意的问题,是打动消费者取得其信任进而下单的重要环节。那么对于消费者调查具体该如何着手呢?以下介绍两种方法。

(1)生意参谋

以前淘宝经营的淘宝指数已经在 2016 年 3 月 23 日正式下线,而被淘宝卖家认可的量子恒道(2015.3.18 正式下线)、江湖策(2015.10.28 正式下线)、数据魔方(2015 年 12 月底)也都已下线,这些营销工具的代替者就是功能更加全面的"生意参谋",其操作方式如下。

第1步 登录淘宝账号,打开卖家中心,找到营销工具里的生意参谋,如图 6-11 所示。

图 6-11

第2步 通过对淘宝数据的分析,如图 6-12 所示,了解消费者的喜好、消费能力以及地域等,利用分析后的结论优化详情页将会有极大的裨益。

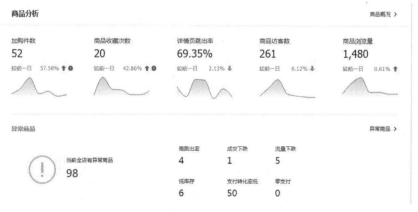

图 6-12

第3步 总结规律，将繁杂的数据简化。找出最能反映问题的核心数据，解决店铺问题，如图 6-13 所示。

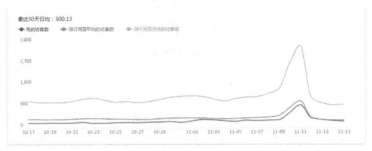

图 6-13

（2）买家评价

想要了解消费者真正的消费意图，买家评价是最值得参考的一个地方。如图 6-14 所示，了解其购买需求、产品问题、售后问题等，都可以得到最真实的反馈。

店铺做得比较好的维度，必然会得到买家的支持，在以后的销售中要继续保持下去。同时总结出大部分人喜欢这类产品的卖点，在详情设计中强调突出，作为最大的卖点。

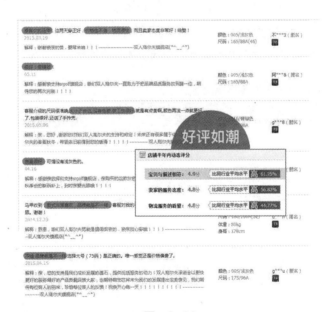

图 6-14

6.1.5 宝贝卖点挖掘

商品卖的是什么？品质，服务，价格，特色，款式还是文化？找到店铺的优势很重要，无论品牌与否，淘宝卖家千万，销量好的中小卖家也比比皆是。卖点是需要挖掘的，就看有没有一双慧眼，卖点主要从产品功能及顾客痛点入手，如图 6-15 所示。

产品同质化越来越严重,其差异化卖点也越来越难找,消费者的绝大部分需求都能迅速被商家发掘并满足。但消费者对于物质与精神的追求一直在提升,时刻促使产品和服务的换代和升级,而这个过程就是创造产品差异化的过程。

如图 6-16 所示,产品卖点提炼要考虑消费者、竞争对手和商品本身三个方面因素,需要从以下 3 个核心原则去挖掘:

(1)消费者最关心的;

(2)自身产品具有的;

(3)竞争对手没有或未提到过的。

图 6-15

图 6-16

6.1.6 详情页的视觉呈现

下面举例来进行具体的分析。

① 图 6-17 所示是一个耳机的详情页首屏创意大图,版面简洁大气。

根据前面章节提到的网店设计的三大要素,可以看出其色彩采用了黑白灰红的经典配色,表达了设计师凸显商品高雅、考究、自信、热情的特点。

字体采用方正兰亭,一种使用广泛的优雅字体,文案简单明了,三个卖点非常的醒目。版式布局采用中规中矩的居中对齐,稳重又不失产品风格,同时最大限度地展示了产品。

② 第 2 屏为产品的概览,此处为耳机的一款多色展现,如图 6-18 所示。背景的配色选用的是跟产品的邻近色,显得和谐统一,字体同样是方正兰亭,只是进行了创意变

图 6-17

换。版式布局是统一的"豆腐块"式排列,没有过多的花式,但是整体的视觉效果很好。

③ 如图6-19所示这一屏是场景模拟展示,利用3个跟商品相关的环境,分别为美女街拍、时尚摇滚、古典唱片来满足顾客对商品音效的苛求。拟人的手法胜过平铺直叙的介绍,此处配色以红色为主,热情自信,非常的醒目,字体、版式布局延续一贯的风格,整体十分和谐统一。

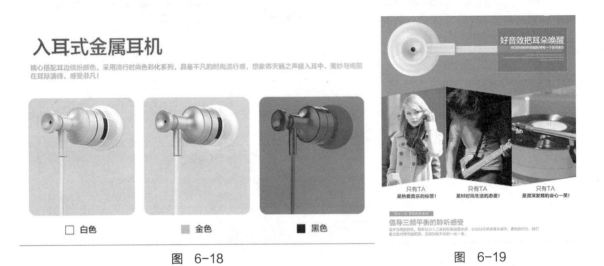

图 6-18　　　　　　　　　　　　　　　图 6-19

④详情页后面为产品工艺展示,如图6-20所示;产品功能介绍及细节展示,如图6-21所示;产品的实景拍摄,如图6-22所示。最后也可以加入物流、售后、实体店铺等图片信息,整个商品详情页展示会更加完善。

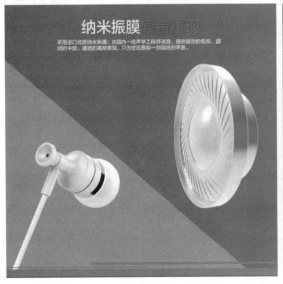 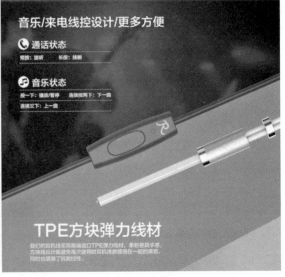

图 6-20　　　　　　　　　　　　　　　图 6-21

 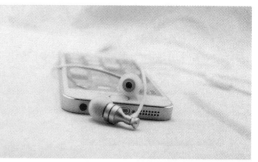

图 6-22

大师点拨 22：详情页设计中的 FAB 法则

FAB 法则是销售技巧中最常见和实用的法则，对应英文单词：Feature、Advantage 和 Benefit，即属性、作用、益处的法则，如图 6-23 所示。在详情页设计时，我们可以遵循 F、A、B 的顺序为顾客进行介绍。

在详情页设计前，最好能将该款商品的信息以 FAB 法则罗列出来，以下图 6-24 所示为例。

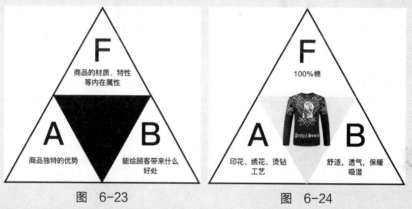

图 6-23　　　　　　　　图 6-24

详情页中的 FAB 法则需要结合顾客浏览详情页时的心理变化，如图 6-25 所示，从开始浏览商品的感性到阅读商品时的理性再回到感性地考虑是否购买。在这种逻辑下，一个优秀的详情页应当遵循引发顾客兴趣、激发潜在需求、从信任到信赖、替顾客做决定的原则。

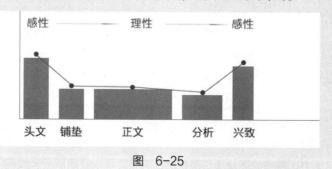

图 6-25

6.2 详情页的设计内容

在前面的小节中,大概了解了详情页的设计内容。本节中,以"韩都衣舍"品牌详情页为案例,进行介绍。

6.2.1 模特图展示

服装类目的店铺,大部分都会有真人模特穿着展示,模特效果图大致有三种:摄影棚拍摄、街拍、居家拍摄。摄影棚拍摄,如图6-26所示;街拍就是一道靓丽的风景,如图6-27所示;居家拍摄,如图6-28所示。

图 6-26

图 6-27

图 6-28

问:为什么时尚花哨的衣服选择了街拍,宽松休闲的衣服选择了居家拍摄?这是随机情况还是有意为之呢?

答:时尚花哨的衣服穿着显得更酷,这与街头的风格很契合,搭配的场景也充满金属硬朗的气息,与衣服本身的风格相呼应。宽松的衣服充满慵懒的气息,适合居家休闲穿着。因此,根据衣服风格选择拍摄场景尤为重要。

模特图最大的作用就是真人示范效果,如图6-29所示。客户可以通过展示效果比对自身体型。同时,人脸能增强识别力,模特的高颜值带来的画面美感,可以更好地吸引顾客。

图 6-29

6.2.2 产品整体展示

如果说模特展示会让人的注意力分散,那么产品的单独展示则是实实在在突出产品本身,不同品类的衣服展示方法也有所不同。

(1)平铺,针织衫休闲清新,用平铺图是再合适不过。平铺图展示不外乎正面和背面,当然颜色可以不止展现一种,如图 6-30 所示。

图 6-30

(2)挂拍,是服装类常用的展示方法,很有家居舒适的感觉,如图 6-31 所示。挂拍也可以选择一些简单的装饰,来凸显衣服的品味,图 6-32 所示是一件牛仔衫的挂拍图,加了一些硬朗的线条、木质深色背景以及一些复古的配饰。

(3)立体展示,相对于平铺的简单随性,立体展示图多用于表现成熟硬朗的线条,最经典的当属西装服饰展示。

西装作为出席正式场合的服装,不能太随意,而且由于西服更加注重版型,立体展示能完美地体现

图 6-31　　　　　　　　　图 6-32

其独有特点，如图 6-33 所示。套西的搭配展示，最大限度地展示产品，一览衣服的全貌，如图 6-34 所示，是产品整体展示的最大作用，这也是详情页中最常见、最不可或缺的一块。

不管是平铺还是挂拍或者立体展示，没有优劣之分，以何种姿态出现在顾客的视野，可依据店铺的整体设计风格而定。

图 6-33　　　　　　　　　图 6-34

6.2.3　产品细节图片

顾客浏览了商品 360° 整体展示之后，如果想要更深入了解衣服的做工质地及面料细节，此时就需要精细质感的细节图。产品细节图片就是为了让顾客更加清晰、直观地了解商品。

商品细节图可较全面地展示商品的面料、领部、领口装饰、袖口、下摆、吊牌等，如图 6-35 所示。

图 6-35

6.2.4 产品宣传广告图片

商品详情页篇幅通常是比较长的,使用宣传广告图,既宣传了产品,同时精美的图片也增加了美感。当然,广告图片的设计需要和整个商品详情页统一。如图 6-36 所示,多年度女装销量总冠军,是实力的证明。而对于明星创意大图海报,如图 6-37 所示,块面化简练文案和高长调的色彩明度,符合女性服装的随性优雅,与整个商品详情页非常契合。

图 6-36

6.2.5 产品参数图片

对于偏理性的顾客,文案再精炼或许都不足以打动他,这时可以尝试用数据说话,事实胜于雄辩。文字的识别度虽低于图片,但对于对产品感兴趣并产生购买欲望的顾客来说,想更全面地了解产品,参数这一项是打消顾客疑虑的重要说明。

参数图片大概分为 3 种:商品信息参数、服装类的产品尺码面料参数、科技类的产品配置参数。

(1)商品信息参数。

①产品信息,服装类的产品尺码参数必不可少,这是客户挑选衣服的最重要依据,如图 6-38 所示,参数表给得越详细越好,每个人的

图 6-37

关注点不同，面面俱到总是好的。

②洗涤说明，如图 6-39 所示，这是一张洗涤与保养说明的参数表，对熨烫洗涤都给出了明确的标示，是衣服的后期保养内容。虽然洗水唛上也有此内容，但是在此强调说明，显得商家细心周到，有更好的客户体验。

图 6-38　　　　　　　　　　　　　　图 6-39

（2）服装类的产品尺码面料参数，详细地标明了各类尺码具体数字，详尽完备，是选择衣服最实用的参数，如图 6-40 所示。

上衣尺码	肩宽	胸围	下摆围	前衣长	后中长	袖长	袖肥
XS	54	92	86	58	60	41	35.8
S	56	96	90	59	61	42	37.2
M	58	100	94	60	62	43	38.6
L	60	104	98	61	63	44	40

因测量方式不同，若有1-2cm误差皆属合理范围。

图 6-40

（3）科技类的产品配置参数，它的重要性直接关系到产品的销售。服装类或许凭借漂亮的图片就可能有不错的销量，但科技类的产品就行不通。这些参数是支撑销售的最大卖点，比如手机、电脑等。

科技产品的特别之处，在于它的软件和硬件性能，这都要靠数据来证明，如图 6-41 所示，数据的魅力就在于它的精准无误，清晰地阐明了各个环节的数字依据，值得信任。参数图片是详情页感性呈现的理性支持，这使得整个详情页有理有据，使顾客在浏览中不由自主地买单。

配置
4GB内存+32GB闪存
骁龙821最高主频 2.15GHz
Adreno 530 图形处理器 624MHz
4GB LPDDR4 1866MHz 双通道
32GB 机身存储 UFS2.0
1.55 微米超感光相机
12MP 索尼 IMX 378 相机
6片式镜头，f 2.0光圈，
80° 大广角
双色温闪光灯

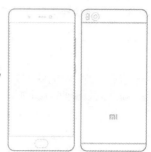

图 6-41

6.2.6 产品介绍

通常产品属性介绍都会被淘宝默认并展示在详情页的最前端，方便客户对产品有个最初的印象。这里有产品最核心的内容，如上市年份季节、材质成分、货号、品牌、填充物、基础风格等，如图 6-42 所示。

产品参数：

上市年份季节: 2017年春季	材质成分: 聚酰胺纤维(锦纶)100%	货号: 281101105
品牌: S . R . GOLF/双人高尔夫	填充物: 无	厚薄: 常规
基础风格: 时尚都市		

图 6-42

6.2.7 产品特色卖点

所谓产品“卖点”，一方面是产品与生俱来的，另一方面是通过营销策划人的想象力、创造力来“无中生有”的。只要能使之落实于营销的战略战术中，化为消费者能够接受、认同的利益和效用的想法就是好的卖点。如图 6-43 所示，是一张丝袜的图片，清凉是最大的卖点，图片虽然略显夸张，但卖点提炼准确，有创意有吸引力，这已经足够。又如锤子手机的 One Step 功能，号称“锤子科技的一小步，智能手机进化的一大步”，其特色卖点非常明显，如图 6-44 所示。·

ICE SOCKS
会降温的丝袜
凉爽冰丝 / 酷暑必备

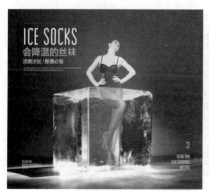

图 6-43

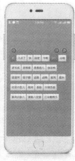

Big Bang（大爆炸）
One Step（一步）
讯飞输入法
Smartisan 定制版

图 6-44

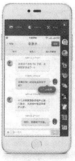

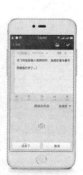

当然，卖点的提炼也会存在误区，比如过多强调产品本身，而忽略了市场，又或者是过于夸张带有欺骗性的卖点，都不利于品牌长远发展。

6.2.8 产品对比展示

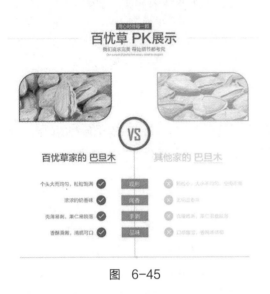

图 6-45

对比，最大的目的是为了突出，通过其他产品的不足，来体现自我产品的优势。如图6-45所示，这是典型的对比营销手法，通过对比，自身优势将一目了然，无需过多的词语修饰，就可以给顾客留下深刻的印象。

如图6-46所示，是一个销售雨伞的店铺，主打卖点是十骨加固、强劲抗风。为了表现这个卖点，纯粹的正向表述无法给顾客留下更深的印象，所以列出了一般雨伞不具备的优势。比如我们都遇到过这种遭遇大风雨伞被掀翻的尴尬，让顾客内心产生共鸣。

使用对比原则，就要对比鲜明达到强化的效果。尤其是表述一些产品的尺寸、重量等参数时，单纯的数字不能给以具象的表达。此时，找一些日常生活中的常用品作为参考，就可以方便地解决这个问题。

图 6-46

如图 6-47 所示，雨伞的重量 "198g" 对于大多数顾客而言没什么概念。那么，用生活中经常接触的手机作对比，这时候可能比精确的 "198g" 更有效果。

所以，当描述不能很好地表达想要的效果时，间接地用类似大众熟知的情况来说明，往往既形象又很生动，如图 6-48 所示伞面的强效拒水，用荷叶来表现也是非常典型的案例。

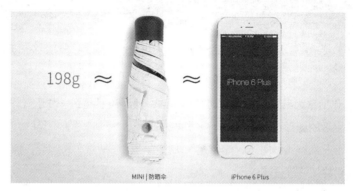

图　6-47

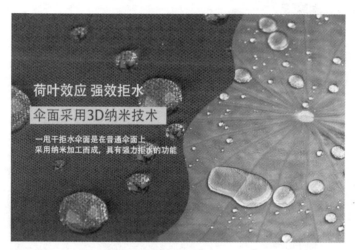

图　6-48

6.2.9　产品使用场景展示

有人总结了销售的三重境界，第一重是卖产品，把商品推销出去就算成功；第二重是卖服务，随着技术的发展，大多数的产品越来越雷同，这时候很容易就进入价格战，这个阶段竞争的地方就是相同的产品，谁的服务做得好，谁的销售业绩就会更高；第三重是卖文化，在目标消费者的心中树立良好的品牌形象，尽管产品质量大同小异，但在服务质量上的突出优势使他们具有了品牌效应，将这种品牌效应上升到一种文化，使得一些企业有了一大批的忠实客户群。

使用场景可以引入情境，强烈的代入感会给人一种身临其境的错觉。如图 6-49 所示，根据商品特性进行匹配场景展示，无疑胜过平淡的摄影棚摆拍的商品展示。

图 6-49

使用场景展示，化抽象为具体，是营销的常用手法，同时还能起到一种示范作用。如图6-50所示的香水，作为一种使用后的隐形产品，不同于衣服的外在展示，气味是看不见的，但是场景的展示会激发人类的想象力，撒上一点醉人的香水，无论是同闺蜜购物，还是与恋人约会，都能让你魅力大增。细节之处最为动人，具象的情景胜过喋喋不休的描述。

图 6-50

6.2.10 产品包装展示

产品的包装有多重要？每次走进超市，面对着数量庞大的商品群，总是有一种莫名的兴奋感，这是包装在起着作用。包装在一定程度上就是产品的代言，一个设计美观质感上乘的包装，直接体现了产品的档次，间接增加了商品价值，如图6-51所示。

精美的包装是一种视觉的美好体验，更无形中透露出商家的品味和用心的程度。购物的过程中多了一层体验。如图6-52所示，视觉上非常亮眼的酒包装，一个华丽，一个古朴，定位非常准确，为商品找到一个获得市场认可的空间。

图 6-51　　　　　　　　　　　　　　　图 6-52

包装的潜在价值远不止这几点，它的二次利用，也在一定程度上宣传了品牌。比如许多衣服的手提袋，如图6-53所示，做工精美品质优良，可以作为礼品赠送的包装或者出门携带东西的便利袋。包装袋上印刷公司LOGO，这无疑是一次免费的广告宣传。

由此可见，包装的潜在价值是不容忽视的，详情页的包装展示也是提升转化率的一个细节。包装设计关系到产品的形象，切不可因为这小小的失误而错失客户。

6.2.11　产品售后说明

商品销售出去之后商家与顾客之间的联系就结束了

图 6-53

吗？答案是否定的。建立好的客户体验，也是为了更好地塑造品牌形象，售后是一个十分重要的环节。一个完善而又热情服务的售后体系，体现了品牌的软实力，其专业性是不容置疑的。

如图6-54所示为衣服保养的专业知识，为顾客展示了正确的保养方式以免损坏衣服。还科普了常用的面料常识，以及该面料在洗涤时要注意的情况，如图6-55所示。

衣服保养的知识虽然重要，但客户更关心的话题，其实是买家须知的内容，包括是否7天无理由退货、有无色差、如何发货、快递时效等，如图6-56所示。虽然这些问题统统都可以在客服处得到解决，但是在详情页展示这些问题，显得更加周到，相应减少客服询单压力。

最后，大部分商家还会在寄出商品的同时，附带售后服务卡，方便客户对于商品出现的问题及时沟通解决，营造一个良好的服务体验。

图 6-54

图 6-55

6.2.12 品牌文化和企业实力

品牌文化是在经营中逐渐形成的文化积淀，它代表着品牌自身价值观、世界观，能反映消费者对其在精神上产生认同、共鸣，并使得顾客持久信赖该品牌的理念追求，形成强烈的品牌忠诚度。品牌文化会对品牌的经营管理产生巨大的影响和能动作用，有利于各种资源要素的优化组合，提高品牌的管理效能，增强品牌的竞争力，使品牌充满生机与活力。

线下的实体店铺展示就是企业实力的一种证明，如图 6-57 所示。品牌文化和企业实力的展示，一定程度上也展示了品牌的软实力。

图 6-56

6.2.13 关联广告位展示

众所周知，在商场的一楼通常都会留给香水、化妆品或珠宝首饰之类的高价商品，利用消费者心理以及经济学原理，在详情页的设计上，同样可以加上其他的展位，利用浏览人群的广泛性，给其他商品带来流量。

关联广告位一般可放置于详情页顶部或底部，如图 6-58 所示，这些产品都带有跳转链接，点击就可以跳转到对应产品详情页面。

除了侧栏的广告位展示，主图下方还有一个自由搭配的套餐，不仅给出了合适的穿搭建议，更有大力度的优惠，非常具有吸引力。关联销售是连接整个店铺商品的纽带，套餐是一个很具有诱惑性的暗示，如图 6-59 所示，虽然有些产品对于客户而言可能并不太需要，但是面对大力度的优惠，很多顾客还是会经受不住诱惑。最大限度地留住顾客，不放过任何一个潜在的销售机会是关联广告位的宗旨。它不仅丰富了版面信息，也间接拉动了消费，所以要利用起来。

图 6-57　　　　　　　　　　　　　图 6-58

图　6-59

6.2.14　促销活动展示

促销活动作用在于对产品施加推力，使产品能够更快地进入市场和扩大市场。市场上并不一定每一个公司都会花预算做广告，但是通常都会不定期开展一些折扣或促销活动，如图6-60所示。

图　6-60

网店中的促销通常是用虚拟的东西代替,在详情页的促销活动展示中,常用的方式大概有以下几种。

1. 优惠券

如图 6-61 所示,优惠券通常是以直接代替现金的形式使用的,但高额优惠券通常有门槛限制,订单必须满一定金额才能使用。优惠券在首页显眼的位置展示,详情页重新强调,也是为了更好的客户体验。

图 6-61

2. 礼品赠送

如图 6-62 所示。购买商品可以获得额外的礼品,这对消费者而言,有着一定的吸引力,毕竟"免费"和"赠送"这些字眼充满着极大的诱惑力。

图 6-62

3. 折扣

折扣促销给顾客比较明显的价格优惠,可以有效地提高商品的市场竞争力,刺激消费欲望,创造出"薄利多销"的市场获利机制,如图 6-63 所示。

图 6-63

4. 团购

团购作为一种新兴的消费方式,美团网、百度糯米网等,吸引着众多人的眼球。淘宝也有自己的团购模式——聚划算,如图 6-64 所示。天猫产品加入聚划算,享受更多价格优惠,这也是商家促销的有利方式。

图 6-64

6.2.15 详情页的情感营销

情感营销就是把顾客情感差异和需求作为企业品牌营销战略的核心,借助情感包装、情感促销、情感广告、情感口碑、情感设计等策略来实现企业的经营目标。从顾客的情感需要出发,唤起和激起顾客的情感需求,诱导顾客心灵上的共鸣,寓情感于营销之中。顾客购买商品所看重的已不是商品质量及价钱,而是为了一种感情上的满足,一种心理上的认同。

那么情感营销的运作是怎么实现的呢?

可口可乐这个享誉世界的品牌,进入中国的市场后,在情感营销方面可谓下足了功夫。中国人对传统节日的重视不言而喻,所以,可口可乐公司在春节前就主打团圆欢聚的情感营销,如图6-65所示。相信无论是身在异乡,还是回家团聚的人,对着这张广告图都会缺乏抵抗力,这种温馨的画面能引起大家的共鸣。

营销借助文化,文化源于情感,情感营销的高明之处在于潜移默化、以情动人,整个宣传过程中对于产品特性只字不提。因此在详情页上体现情感,对提升商品转化率和顾客回头率都有很大帮助。

图 6-65

大师点拨 23:详情页设计内容的排版技巧

许多店铺会遇到这种情况:顾客来到店铺,只是匆匆看看就离开,鲜有人购买,导致流失率很大。怎么样才可以留住顾客?除了商品或价格确实够吸引人,其次就是详情页,一个好的详情页可以激起买家的购买欲望,促使下单成交,所以在详情页设计内容的排版上一定要做到精益求精,主要注意以下几点。

1. 内容上要与店铺风格结合

明确的主题,鲜明的个性,营造区别于其他店铺的视觉风格,店铺整体的协调统一,是留给顾客的第一印象。如图6-66所示,这是iPhone手机的详情(部分)展示,是对于极简风格的最好诠释。

图 6-66

2. 关联营销板块内容设计

（1）放置功能性产品搭配或者优惠产品；

（2）搭配高单价产品的低价商品；

（3）同类价或者低价包邮产品，一起购买的时候可以省快递费；

（4）买二送一的产品。

3. 详情页描述排版顺序参考

（1）创意海报大图；

（2）模特展示模块；

（3）产品实物图模块；

（4）细节图模块；

（5）尺寸说明模块；

（6）相关推荐模块；

（7）卖家说明模块。

当各版块内容完善的时候，排版会显得更加简便，详情页内容的排版唯一的技巧是将顾客最想看的部分美观地展示在最前方，适当注意下文案上的优点放大、缺点掩饰，条理清晰符合浏览习惯即可。

大师点拨 24：提升转化率的 9 种文案设计

通过文案设计来提升转化率是可行的，在设计文案时要善于抓住顾客心理，让有购买欲望的顾客立即下单，让购买欲望不强烈的顾客对商品保持高度关注。先了解以下 9 种顾客心理，然后设计出与之相对的文案来提升转化率。

1. 从众型

生活中从众型消费心理的顾客不在少数，通常都比较关注店铺中的"爆款"商品。不过从众心理也来自于两个方面：一个是名人效应；一个是大众效应。利用名人效应的商家通常会邀请公众人物或明星代言产品，引起从名人型顾客的信赖心理而购买。利用大众效应的购物心理可在文案上突出"热销 xx 件""xx 万人青睐"等关键词促使从大众型顾客购买。如图 6-67 所示。

图 6-67

2. 实惠型

追求实惠的商品和便宜货是两回事，不少家庭主妇或年纪较大的顾客已经形成自己的购物习惯。无论是日用百货还是衣物等都有其喜爱的品牌，对这些商品的价格也比较了解。因此，要提高这类商品的转化率，文案设计主要从"买 2 付 1""加量不加价""买就送"等方面入手，如图 6-68 所示。将顾客的购买动机激发出来，让顾客认为现在购买比之前和以后更划算，还会考虑是否囤货，这样能极大提升商品的转化率。

图 6-68

3. 新潮型

追求新潮型顾客以青年为主，通常喜欢时尚、潮流的商品，喜好与众不同的风格，重在对产品新奇特性的体验。对于产品价格与销量不会关心太多，所以极具个性化和标新立异的文案是提升转化的关键。

针对此类顾客采用"全球首发""独家""概念版""定制""限量""抢先"等文案，如图6-69所示，形成强有力的视觉冲击力让顾客迫切想体验，消费欲望迅速提升。

图 6-69

4. 便宜型

追求便宜型顾客根据购买商品大致分为两类：相对便宜型和绝对便宜型。

（1）相对便宜型

现如今商品同质化严重，同款产品也可能很多家店铺均有销售。如图6-70所示，对于这样的商品，排除店铺装修等其他因素，其实价格是影响转化最大的因素。

图 6-70

（2）绝对便宜型

追求绝对便宜型顾客通常对商品的品质和款式没太大要求，甚至在实用性上都不会考虑太多，只讲求商品价格足够低廉。只要收到的产品感觉还"对得起"价格，很少产生售后退换货的情况。"降价""反季促销""一元秒杀""淘抢购"等活动能极大吸引追求绝对便宜型顾客，如图6-71所示，所以淘宝"双十一"和"双十二"等大促活动销售额都年年上升。

5. 好奇型

针对好奇心旺盛型顾客，需要使用"反常"的文案和技巧来吸引。图6-72所示为某品牌饮料使用不太常见的黑色包装，视觉上让人比较容易产生恐惧感和抗拒感，但不少购买的顾客反馈都是出于好奇心，想尝试其味道。

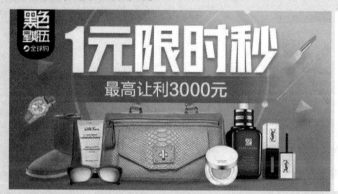
图 6-71

图 6-72

6. 省事儿型

喜欢省事儿型顾客追求整个购买流程的便捷性，通常会倾向于两种极端：一种是所有商品都就近购买几乎不怎么网购，省却等待商品的时间和可能产生的售后退换货；另一种是大部分商品均网购直邮到家，注重发货速度与售后保障。

省事儿型顾客都喜欢购物尽可能的简单，甚至是一站式购物，所以在商品文案上要体现出"省时""省力""省心""极速发货""包安装"等关键词，图6-73所示是天猫电器城服务就近发货、急速配送、送货入户等服务，解决了网购电器存在的弊端，能让省事儿型顾客有购买欲望。

图 6-73

图 6-74

7. 爱美型

爱美型顾客以女性居多，喜欢美好的事物和唯美的商品，从文案上无法更好地打动这类顾客。对于这类商品，要注重环境、色彩和情感，最好采用场景带入式的图片。如图6-74所示，让顾客有身临其境的感觉，感受到其中的意境而愿意购买。

8. 身份型

讲究身份型顾客不会太过于关注商品的价格，追求品牌、品质、高端的商品来适配自身的社会地位。主要集中在"二八法则"的20%高收入群体，对此在商品文案上注意化繁为简，"身份象征""彰显尊贵""奢华体验""纯手工"等元素能在一定程度上打动其内心，如图6-75所示。

图 6-75

9. 习惯型

习惯型消费的顾客大多会重复购买商品，如某品牌服装、数码、化妆品、零食等，此类顾客购买频率比较稳定，如图6-76所示，在商品文案上只需体现"该买新衣了""该换手机了""该备零食了"之类文案提醒顾客即可！

当然顾客购物心理肯定不仅仅只有这常见的9种，建议店主根据店铺商品和运营计划出发，从而打造更高效的文案。

图 6-76

6.3 详情页的设计要点

详情页的设计内容涵盖了方方面面,但这么多的内容,直接罗列出来肯定会杂乱无章。用内在的逻辑思维和设计理念将这些内容串联布局,才是最后的点睛之笔。

6.3.1 满足客户需求

客户首先是社会载体的一部分,符合人类的共性需求,根据马斯洛需求层次理论,将人类需求像阶梯一样分为 5 个层次,如图 6-77 所示。人们的 5 种需求通常是从底层到高层递增的,在一些特定情况下也可能是变化的。

在电商平台上,通常顾客具有生理、安全、社交方面的需求,一小部分具有尊重方面的需求。对于店铺来说,在商品相对较固定的情况下,可能无法同时解决人类共性的多种需求。从店铺实际出发,还原交易的本质,能为顾客解决价格、品质、服务、高效、渠道、沟通 6 个方面的需求,如图 6-78 所示。具体表现在商品详情页中时,以下信息是需要在交易前为顾客解决的了解需求。

- 商品各角度的清晰图片。
- 商品的特点、特性、卖点。
- 商品是否适合自己。
- 商品的规格、型号信息。
- 商品的详细用途和功能。
- 商品使用流程和说明。
- 商品制造商信息。
- 商品的质量、标准认证文件。
- 商品附件清单。

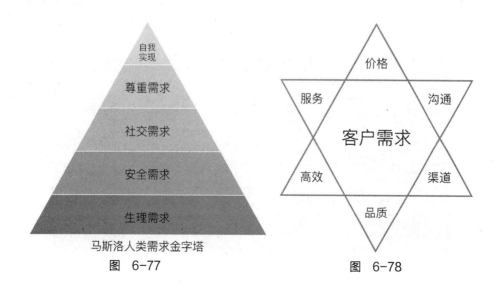

图 6-77　马斯洛人类需求金字塔　　　图 6-78

6.3.2 控制页面内容

详情页过于冗长会让人感到厌烦，顾客需求的信息被湮没在庞杂的页面中，顾客体验会很糟糕；太短则不能展示更多信息，需要解答的问题没有解释清楚，同样会比较失败。控制详情页面内容，应当突出重点，优化必要的内容。

买家在 PC 端详情页的停留时间平均是 60 秒左右，50% 左右的顾客浏览不到 30 秒就会关闭网页。PC 端详情页一般为 15 屏左右，长度大约在 10000 像素，在有限的长度内，要把握重点精简信息，进行精心的布局。

1. 突出重点

基于顾客浏览详情页的时间，吸引顾客继续留在页面当属重中之重，前 3 屏是特别要注意的地方。首先是创意海报大图，视觉的冲击带动心理的变化，高精度与质感的模特图尤为重要，简练清晰的内容有利于顾客快速提取信息，如图 6-79 所示。

图 6-79

其次从卖家的角度思考，突出商品卖点。虽然卖家的卖点不一定契合顾客的买点，但毕竟是产品的最大优势，比其他方面的介绍更具有吸引力。前面的章节已经介绍了挖掘卖点的方式，找到切入点，让顾客和卖家更默契地沟通，如图 6-80 所示，通过文化传承的卖点体现商品品质，让顾客认可。

图 6-80

2. 优化常规信息

产品详情页常规信息例如结尾处大多会展示实体店铺以显示公司实力，针对此版块内容，就不必像做海报般进行过多的修饰。也不必长篇累牍地放过多的图片，不仅加载起来缓慢，信息太多也会使顾客厌烦，建议1到3张质量优良的图片。

信息繁杂反而不利于客户体验，在这个快节奏的市场中，扁平化、极简主义更加符合客户需求，能用图片表示，就尽量少用文字。如图6-81所示，优化并非简单的简化，这个梯度表相比平淡的文字叙述，在理解上更加的生动。

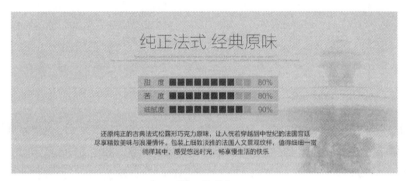

图 6-81

6.3.3 进行合理布局

面对详情页涉及的信息量大，版块众多的情况，如何把碎片化的信息整合，有条不紊地传达给客户，科学合理的布局尤为重要。

（1）如图6-82所示，以服装类目商品详情页为例，这里是主图以及购买选择信息，淘宝官方已基本固定该布局。

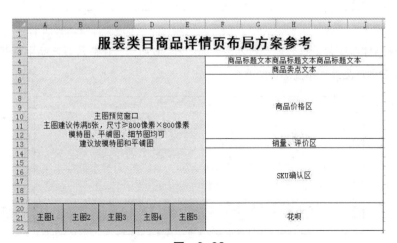

图 6-82

（2）除去上传商品时填写的属性信息展示在详情页前端之外，接下来是详情页的正式内容，根据前面章节（6.1.2 宝贝详情页的组成元素）首先是关联销售和创意大图吸引眼球，如6-83所示。

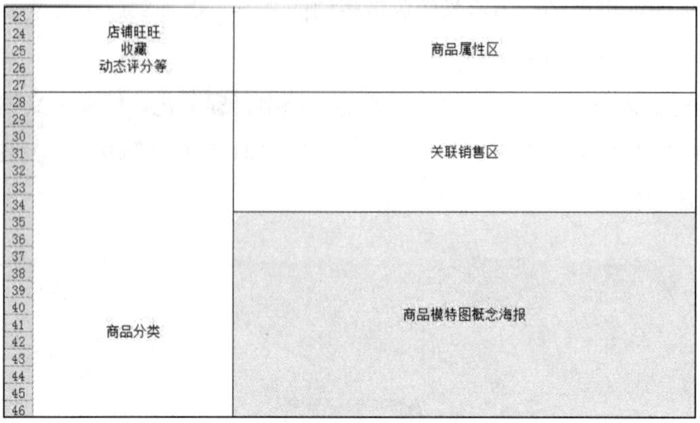

图 6-83

（3）在引起兴趣的情况下，适时放出产品的参数。感性视觉冲击宣传之后，是严肃理性的数据说明，双重攻势，奠定产品的质量，在顾客心中留下产品值得信赖的印象，如图6-84所示。

图 6-84

（4）虽然展示过面料、版型等信息，自然也不能少了对其深度的剖析图，介绍面料和版型的优势，如图6-85所示，在视觉上必须要做到吸引眼球。

图 6-85

（5）展示模特穿着图片，提升商品代入感。如图6-86所示，还应放置产品平铺图/立体假模图，方便顾客直观地看到产品外形不受环境影响。

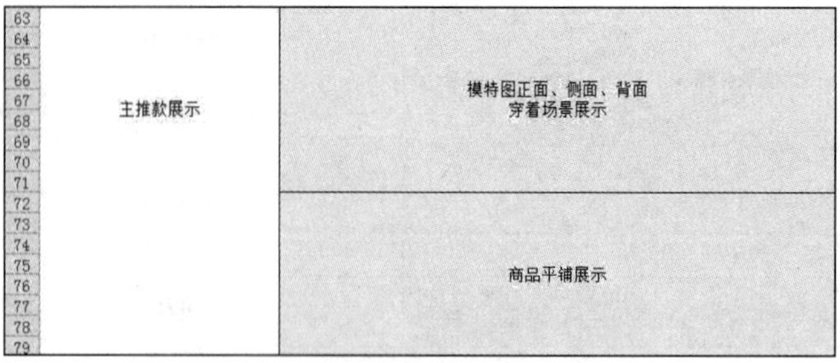

图 6-86

（6）除此之外商品细节及设计工艺应展示出来，方便已产生兴趣的顾客更深入地了解。如图6-87所示，这些细节的描述将会继续起到坚定信心的作用。

图 6-87

（7）最后布局一些详情页常规模块，把每一个版块做精致，如图6-88所示。合理的布局既可以给人赏心悦目的美感，同时兼具打动顾客心理的功能。从大局出发，构建整个详情的框架，依托理论知识将细节精心设计，最终呈现出一个美感与实用完美结合的详情页。

图 6-88

大师点拨25：顾客更愿意为"买点"买单，而不一定是"卖点"

卖点的确非常重要，在网店详情页中需要展现商品核心"卖点"是毋庸置疑的。但站在顾客的角度来看，商家所展示的"卖点"也许并不是其最关心的，如果因卖家展示的"卖点"而购买想必是偏冲动型消费的顾客。

顾客之所以购买一件商品，大多情况下是因为商品符合其需求，具有顾客对应的"买点"。如果顾客的"买点"与商品详情页展示的"卖点"有重合，更容易促成下单。顾客"买点"与前文介绍的顾客需求是分不开的，根据各性格与实际情况可能有一些差异，但主要还是体现在以下6点，如图6-89所示。而一般情况下，顾客的这些"买点"都是商家不容易控制的。

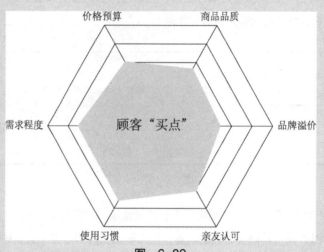

图 6-89

顾客"买点"也有可能是摇摆不定或模糊不清的,在询单过程中客服需要多加挖掘和引导。善于抓住顾客心理,站在顾客立场,先讲顾客"买点"再讲商品"卖点"更容易让顾客买单。

大师点拨26:让详情页成为优秀的"导购员"

生活环境决定人们每天都会产生大量的交易,有的交易是买卖双方自由配合形成的默契,但更多的交易是通过"导购员"引导顾客促成购买的,导购员也是市场和渠道经济的必然产物。

在淘宝详情页中,右侧经常可看到如图6-90的商品导购栏,当顾客点击其中栏目可直接跳转到其对应位置,给顾客更好的商品信息"归类",避免商品详情页逻辑混乱,节省顾客浏览时间,对商品转化率有所帮助。

图 6-90

详情页模块、文案、要点、布局等在前文都介绍过，那么如何实现右侧导航栏让详情页成为优秀的"导购员"呢？答案就如图6-91所示，在发布商品时，"商品描述"中可将详情页图片按设计时规划的区块分开上传至对应模板中，除官方默认模块外还可添加自定义模板。在上传商品详情图片时不要偷懒，按照导航栏对应模板上传给顾客更简便快捷的选购方式，让详情页成为优秀的"导购员"。

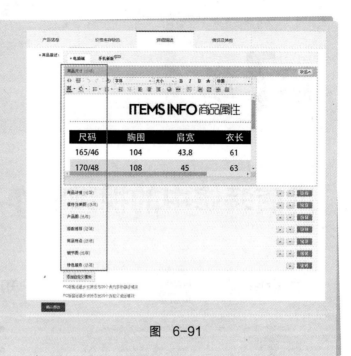

图 6-91

本章小结

本章介绍了商品详情页设计的方法，了解其内容及排版布局的合理性，找到顾客"买点"，从而提升店铺转化率。

网店装修中的视频制作

本章导读

吸引眼球、提高商品转化率是网店设计中不变的宗旨,要让顾客在店铺停留更长的时间,视频展示是一个重要的手段,精美的视频给顾客留下更深的印象。目前淘宝装修页面、主图、详情页均可上传视频,不过主图视频时长限制在9秒内。根据淘宝官方介绍,上传主图视频有一定的流量倾斜,在一定程度上能促成更多的成交。如何制作符合淘宝要求的9秒主图视频呢?通过本章的学习,我们能使用会声会影软件制作一个商品主图视频。

知识要点

- 视频拍摄
- 认识会声会色影视视频制作软件
- 淘宝视频制作
- 上传与应用视频

7.1 视频拍摄

产品视频素材的获取有一定难度，不少卖家通常是将拍摄的产品静态图片多张结合成 9 秒主图视频，效果类似于电子相册。其优点是节省时间，拍摄成本低，几乎不产生视频拍摄费用，且制作较为方便；缺点也比较明显，与专门为产品拍摄的视频相比，无论是在产品逻辑还是展示效果上都有不小差距。因此，我们应注重为产品拍摄较专业的视频素材。

7.1.1 淘宝商品拍摄流程

不同类目商品主图视频拍摄也会不同，例如服装类目，当下流行将模特穿着搭配拍摄时录制的花絮视频剪辑出来；小家电类目流行 360°旋转展示商品各个方位和细节。

对于主图视频，不建议用固定的思维和模式去拍摄，能展示出商品核心竞争力、结合时下流行的展示风格、保持多元化创新，才更容易得到顾客青睐。下面以服装类目为例介绍商品主图视频拍摄的流程，其他类目商品除拍摄造型外大体相同。

1. 样品及道具准备

拍摄前应选择好样品，减少或避免样品出现较大瑕疵。服装类目若需要用到假模或真人模特穿着，应首先确定好模特尺码，熨烫平整以免出现过多褶皱，保持样衣干净整洁。同时还应准备好相应的搭配道具如凳子、花草或周边产品如墨镜、领结、鞋子等。

在道具准备上可根据产品风格、季节、互补色来衬托产品，通过道具的颜色对比，能更加真实、直观地反映出产品本身的颜色。

2. 选择拍摄场景

除却户外类目产品及一些主题表达，拍摄场景建议选择在室内，可以方便地更换背景。如浅色产品需要深色背景做对比，深色产品建议选用浅色背景容易突出产品。除此之外，室内场景还具有以下优势：

（1）样品及道具容易整理

（2）不依赖天气因素

（3）场地便捷

（4）节省出行时间及费用成本

图 7-1

若选择室外拍摄，注意光线一定要充足，晴天情况下早上 8 点到下午 5 点都适合拍摄。若夏季时，不建议中午 11 点到下午 3 点进行拍摄，这段时间阳光过于强烈，硬光源对大部分产品表现不太理想，人员容易晒伤和中暑，所以在场地选择上应当重视。

3. 制作拍摄脚本

相对于专业电影和广告镜头脚本，产品拍摄脚本设定没有那么复杂，但仍需一些必要的准备才能使拍摄有条不紊地进行。以服装拍摄为例，如图 7-1 所示，其中产品造型或模特姿势尤为重要，整个环境的协调性直接关系到后期效果，因此前期规划好拍摄脚本可减少和模特沟通的时间，提升工作效率。

4. 正式拍摄

在上述流程准备充分的情况下，产品视频拍摄所需时间不会太长，如无特殊需求，拍摄时应避免抖动，拍摄时手部可寻找支点减少晃动，建议配备三脚架固定摄像机。针对需要移动摄像机的情况，可使用带滑轮的三脚架，平缓滑动。有条件的情况下，户外也可使用航拍器进行视频拍摄。

7.1.2 视频构图的基本原则

视频构图注重四项基本原则：完整、稳定、对比、视点。

1. 完整

完整与稳定是视频构图的基础，一幅画面如果对拍摄主体展示不完整，很大程度上会导致关键信息的丢失。如图 7-2 所示，在以展示商品为目的拍摄时如果没有拍摄完整，在视觉传递上会带来信息缺乏的感觉，也不利于后期裁剪。

2. 稳定

稳定是人们在长期观察自然和生活中形成的一种美学习惯，如果构图画面不稳定，如图 7-3 所示，会给人一种不安全的感觉。

3. 对比

在画面中巧妙地运用对比，能更加鲜明地凸显主体，增强艺术感染力，对比是摄影构图最重要的方式之一。常见的对比手法主要有以下 8 种。

图 7-2　　　　　　　　　　　　　　图 7-3

（1）明暗对比

明暗对比在拍摄作品中较为常见，利用灯光、阳光等营造明暗对比画面，照亮想要表达的主体，提升画面立体感、空间感，如图 7-4 所示。

（2）虚实对比

虚实对比使画面虚实结合起来，能很好地突出主体，增强画面感染力。目前大部分相机、手机、DV 都支持自动对焦使得背景虚化，在微距、人像拍摄时经常用到，如图 7-5 所示。

图 7-4　　　　　　　　　　　　　　图 7-5

（3）色彩对比

色彩对比能提升画面视觉冲击力，能在第一时间吸引眼球，不过不太利于主体凸显，如图 7-6 所示。

（4）动静对比

动静对比主要利用在运动、野生动物、跑车等题材中，让画面鲜活起来，如图 7-7 所示。

（5）质感对比

质感对比通常用在写真、艺术照上，为了突出人物的美，场景选在古镇、旧工厂等复古环境中，将背景与模特、服装、鞋包形成强烈的反差，以达到聚焦主体的目的。

（6）大小对比

大小对比将人眼寻找差异化的特性发挥出来，在过于同质化的画面中，如训练方阵等，利用大小对

图 7-6

图 7-7

比能很好地将主体表现出来。

（7）疏密对比

疏密对比能提升画面美感，在古代山水画、园林布局中得到广泛的运用。疏密有致能让画面显得更为自然、有韵律。

（8）黑白对比

黑白对比能刻画逆反心理，人们对黑色是恐惧的，在构图中应尽量少用。

4. 视点

视点是透视构图理念，通常将眼睛观察的位置定为一点，称作视点。视点要起到吸引视线、集中观察者注意力的作用，在拍摄构图上，最好只选择一个视点以达到画面聚焦目的。

少数情况下，如建筑物因透视关系对画面形成分割、多个运动物体对画面的冲击等会形成多个视点。

问：视频构图与图片构图的区别是什么？

答：视频与图片主要区别在于动态与静态，在构图方式上，其本质和概念是基本相同的，但在电影这类视频的拍摄构图中，依托于故事脚本，前景、中景、背景可能都是精心布置过的。而淘宝商品视频主要侧重于商品或品牌形象展示，主体更加突出和单一，因此在淘宝商品视频拍摄构图上，反而更加接近于静态图片的构图方式。

7.1.3 景别与角度

景别和角度是拍摄中主要的表现因素,是构成影像的基础,拍摄机位在一定程度上决定了景别和角度。

不同景别的划分主要是通过改变摄像距离或后期等效裁切来实现的,主要包括全景、远景、中景、近景、特写。通常情况下,景别越近,画面能传达的环境和内容就越少,观众只需极短时间便能看清画面;景别越远,能传达的环境和内容就越多,观众看清画面所需时间就越长。不同景别构图差异如下。

全景:人物的全身

远景:以环境为主,人物占整个画面较小比例

中景:人物膝盖以上部分

近景:腰部以上部分

特写:人物胸部以上部分,部分大特写拍人物面部部分

构图示意如下图 7-8。

角度是通过改变拍摄方向和视点来实现的,角度可理解为摄像机与拍摄物体水平与垂直夹角的综合,主要包括平视、仰视、俯视以及正面、侧面、背面,如图 7-9 所示。侧面拍摄并不局限于正侧面角度,俯拍由于透视关系,画面中的主体呈上宽下窄倒三角的效果,会带来压抑、渺小之感。

图 7-8

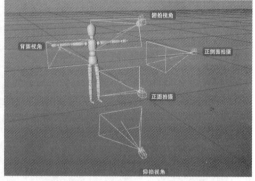

图 7-9

大师点拨 27:视频——让你的详情页"活"起来

淘宝琳琅满目的商品是否看得眼花缭乱?千篇一律的图片文字是否显得沉闷?生活中信息传递的经验告诉我们:能用图片表达的,就不用纯文字;能用视频表达的,就不用纯图片。视频包含了图像、语音、文字等信息,在传递上显得更加生动和准确。

据淘宝调查数据显示,80%左右的顾客喜欢商品中的视频,50%左右的顾客会因为主图视频影响而产生购买欲望。因此,产品视频是非常受欢迎的,通过动态和声音产生多元化的语言,也能让顾客在乏味的图片浏览中放松心情。

7.2 认识会声会影视频制作软件

会声会影（Corel VideoStudio）是加拿大 Corel 公司制作的一款视频编辑软件，是视频编辑初学者最理想的工具之一，操作便捷且功能较强大，它能快速地完成视频初步制作。会声会影官网目前已更新到 X9 版本，如图 7-10 所示，通过对本节内容的学习，我们可以掌握会声会影对视频剪辑的工作流程。

图 7-10

7.2.1 会声会影工作界面

进入会声会影主程序（Corel VideoStudio X9）后，可以看到其工作界面，主要包括菜单栏、预览窗口/导览面板、步骤面板、选项面板、素材库及时间轴等，如图 7-11 所示，下面我们对各工作区进行简单介绍。

1. 菜单栏

会声会影 X9 工作界面中，菜单栏位于左上角，包括"文件""编辑""工具""设置""帮助"5 个菜单，如图 7-12 所示。

图 7-11　　　　　　　　　　图 7-12

"文件"菜单：针对项目的新建、打开及保存等，较为常用。

"编辑"菜单：主要包含一些编辑命令，如撤销、删除、复制、粘贴等。

"工具"菜单：能对视频进行多样编辑，新增多相机编辑器能将不同相机在相同时刻捕获到的视频镜头结合在一起，还包含 DV 转 DVD 向导、创建光盘等功能。

"设置"菜单：可对项目参数进行修改，设置和查看项目文件属性，各类管理器及布局设置等功能。

"帮助"菜单：主要包括官方操作指南及视频教程、新功能介绍、产品购买、版本检查更新等功能。

各项菜单命令后如无特殊标记为普通命令，单击可执行相应操作。此外，部分命令尾部还有两种不同类型标记，如图 7-13 所示。

"…"对话框命令：单击该命令后将弹出对话框，如图 7-14 所示。

"▶"子菜单命令：单击该命令可打开其子菜单，如图 7-15 所示。

图 7-13

图 7-14

图 7-15

2. 预览窗口/导览面板

预览窗口和导览面板在默认操作界面左上角，预览窗口可查看当前编辑的项目、素材或预览视频、转场、滤镜、文字等素材效果。

导览面板主要用于预览和编辑项目中使用的输出，鼠标指针移至按钮上停顿会出现功能提示，还可通过切换"项目"与"素材"选择播放整个项目或单个素材，如图 7-16 所示。

"播放"：单击可播放项目、视频、音频素材，按住【shift】键单击播放按钮可播放整个项目或素材。在播放状态下单击此按钮可停止播放。

图 7-16

"起始/结束"：单击可将素材时间线移至起始/结束位置，预览窗口显示对应帧画面。

"上一帧/下一帧"：单击可将素材时间线从当前位置移至前一帧/后一帧，预览窗口显示对应帧画面。

"重复"：单击可使当前项目或素材重复播放。

"系统音量"：单击会弹出上下滑动条可调整素材的音频音量，同时也会调节扬声器的音量。

"HD 预览"：单击可高清预览项目或素材，在未渲染时画质无损耗。一定程度上会消耗更多电脑资源，无特别高要求不建议打开。

"开始标记/结束标记"：对应快捷键为【F3】/【F4】，单击可标记素材的起始点/结束点。

"根据滑块位置分割素材"：对应快捷键为【S】，需要剪辑素材时将滑块移动到需要分割的位置，单击该按钮可将素材剪辑成两段。

"滑轨"：拖动该按钮，可随着鼠标滑动预览当前素材。

"修整标记"：单击可修整、剪辑当前素材。

"扩大"：单击可在大窗口中预览当前项目或素材。

"时间码"：单击可输入时间，输入数字后按【Enter】键确认。通过指定时间可直接定位到素材所定位置，注意输入时间值不能大于素材本身。

3. 选项面板

选项面板可对项目时间轴选择的素材进行参数设置，不同素材选项面板有一定差异，通常用到视频、照片、音乐和声音选项面板，如图 7-17 所示。

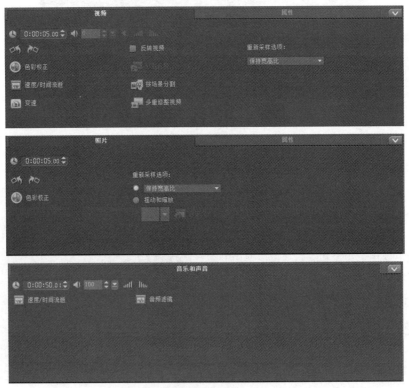

图 7-17

"色彩校正"：单击打开滑块，拖拽滑块可调整视频色调、饱和度、亮度、对比度、Gamma 值等，还可单击打开白平衡设置。

"速度/时间流逝"：单击弹出对话框可修改视频的回放速度，还可以使用此功能为视频和照片应用时间流逝和频闪效果。

"变速"：可调整视频的播放速度，调整范围为 10%~1000%。

"反转视频"：可对视频素材进行反转。

"按场景分割"：可对视频素材按场景分割为多段单独的视频文件。

"多重修整视频"：可对视频文件进行多重修整，也可将视频按照指定的区间长度进行分割和修剪。

"重新采样选项"：单击保持宽高比下拉三角型，可选三种项目比例选项。

4. 步骤面板

会声会影步骤面板简洁易懂，目前有"捕获""编辑""共享"3 种步骤，步骤面板函括了视频工作流程的大体方向，如图 7-18 所示。

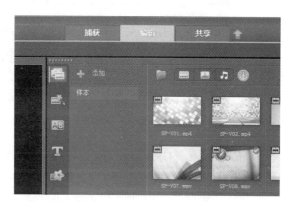

图 7-18

"捕获"：将视频源中的视频素材捕获到电脑中。可通过摄像头录制、数字媒体获取、定格动画及抓取屏幕捕获。

"编辑"：视频剪辑工作的核心步骤，不但可对视频、图片素材编辑和修改，还能把视频滤镜、转场、音频、文字等应用到视频素材上。

"共享"：根据需要渲染输出各种设备和格式的视频文件。

5. 素材库

素材库主要用于保存和管理各种素材，包含媒体素材、即时项目、转场、标题、图形、滤镜、路径等，如图 7-19 所示。需要注意的是部分素材分类下有子分类可选显示，如媒体分类下可选显示视频、照片、音频等。

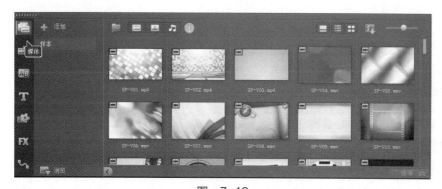

图 7-19

6. 时间轴

时间轴位于整个操作界面的最下方，主要包含界面的所有素材、标题和效果，是整个编辑界面的关键窗口，如图 7-20 所示。

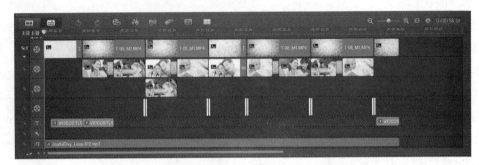

图 7-20

"故事板视图"按钮：单击按钮，切换至故事板视图。
"时间轴视图"按钮：单击按钮，切换至时间轴视图。
"撤销"按钮：单击按钮，撤销前一步的操作。
"重复"按钮：单击按钮，重复前一步的操作。
"录制/捕获选项"按钮：单击可弹出录制/捕获选项对话框，进行定格动画、屏幕捕获或快照等操作。
"混音器"按钮：单击可进入混音器视图。
"自动音乐"按钮：单击可打开"自动音乐"面板，可以设置相应选项以播放自动音乐。
"放大/缩小"滑块：向左拖曳可以缩小项目显示；向右拖曳可以放大项目显示。
"将项目调到时间轴窗口大小"按钮：单击按钮，可调整到时间轴窗口大小。
"项目区间"显示框：该显示框中的数值，显示了当前项目的区间大小。
视频轨：可以在视频轨中插入视频与图像素材，还可以对视频与图像素材进行编辑、修剪或管理等。
覆叠轨：可以制作覆叠特效。覆叠就是画面的叠加，即在屏幕上同时显示多个画面效果。
标题轨：可以创建多个标题字幕效果与单个标题字幕效果。
声音轨：可以插入相应的背景声音素材，并添加特效，在编辑影片的过程中，除了画面以外，声音效果是影片的另一个重要因素。
音乐轨：可以插入相应的音乐素材，它是除声音轨以外，另一个添加音乐素材的轨道。

7.2.2 视频制作流程

根据后期的应用领域不同，视频制作流程上有一定差异，通常情况下数字视频编辑包括以下基本流程。

1. 准备素材文件

素材文件包括：通过录制采集的数字视频 AVI 或 MOV 文件，或其他视频编辑软件生成的 AVI 和 MOV 文件、WAV 格式的音频数据文件，以及各种格式的静态图像，包括 BMP、JPG、TIF 等。

2. 进行素材剪切

各种视频的原始素材片断都称作为一个剪辑。在视频编辑时，可选取一个剪辑中的某一部分或全部作为有用素材，并导入到最终需要生成的视频序列中。

剪辑的选择由切入点和切出点定义，切入点指在最终的视频序列中实际插入该段剪辑的首帧；切出点指在最终的视频序列中实际插入该段剪辑的末帧。也就是说，切入点和切出点之间的所有帧，均为需要编辑的素材，从而让素材的瑕疵降低到最少。

3. 进行画面的粗略编辑

运用视频编辑软件中的剪切编辑功能，进行各片段的编辑、剪切操作。该操作的目的是将画面的流程设计得更为通顺合理，时间表现形式更为流畅。

4. 添加特效

添加特技效果是为了使画面的排列以及呈现效果，更符合人眼的观察规律，更进一步地完善。

5. 添加字幕（文字）

添加字幕，是为了更明确地表示画面的内容，使人物说话的内容更加清晰。

6. 处理声音效果

在片段的下方声道线上进行声音编辑，可以调节左、右声道或者调节声音的高低、渐近，淡入淡出等效果。

7. 生成视频文件

编译是指对建造窗口中编排好的各种剪辑和过渡效果等，进行生成结果的处理。经过编译才能生成最终视频文件。编译生成的视频文件可以自动地放置在一个剪辑窗口中进行控制播放，编译生成的视频格式建议选择 .avi 格式。

大师点拨 28：策划有价值的详情页视频

详情页视频固然重要，但其内容也不是随意堆砌的。在拍摄工具中，虽然大部分智能手机也能录制视频，但考虑到画质及稳定性，还是建议使用更加专业的器材进行拍摄。不建议使用一些软件将商品纯静态图片合成 9 秒视频，效果上会大打折扣。

那么如何策划有价值的详情页视频呢？顾客最关心的，就是最有价值的。我们以下列 3 个类目为例。

1. 服装类目

服装类目的详情页视频应包含服装品质、上身效果、穿着环境等方面的展示，如图 7-21 所示。

2. 电器类目

电器类目的详情页视频应包含商品全方位、安全认证及使用方式和环境等方面的展示，如图 7-22 所示。

图 7-21　　　　　　　　　　　　　　图 7-22

3. 配件类目

以手机屏幕配件为例，应演示手机换屏方式让顾客购买后能根据教程操作，提高购物体验，如图7-23所示。

图 7-23

7.3　淘宝视频制作

目前淘宝主图已可展示不超过9秒的视频，视频尺寸比例最好是1∶1，建议尺寸在800×800像素以上。如果视频里需要插入静态图片，可在剪辑前用Photoshop等图像处理软件将图片裁剪为800×800像素以方便在视频中的比例显示。优秀的视频可以很好地抓住顾客的眼球，从而促成更多的成交，那么如何制作符合淘宝要求的主图视频呢？

7.3.1 9秒主图视频制作

接下来我们以相机录制 MOV 格式视频为例,进入淘宝 9 秒主图视频的制作,主要操作步骤如下。

第 1 步 启动会声会影主程序 Corel VideoStudio X9,单击菜单栏"文件"→"新建项目"命令,新建一个空白项目,也可使用快捷键【Ctrl+N】,如图 7-24 所示。

第 2 步 ① 单击菜单栏"设置"→"项目属性"命令进入当前项目的属性设置;快捷键【Alt+Enter】,如图 7-25 所示。

图 7-24   图 7-25

② 选择项目格式为"DV/AVI",单击"编辑",如图 7-26 所示。

③ 在弹出的配置文件选项中,自定义帧大小为灰色不可点击状态,如图 7-27 所示。

④ 单击"AVI"切换到 AVI 格式默认配置界面,如图 7-28 所示。

图 7-26   图 7-27   图 7-28

⑤ 将"压缩"选项框展开选择"Microsoft Video 1",将"数据类型"选项框展开选择"16 位 RGB",如图 7-29 所示。

⑥ 单击"常规"菜单,此时可自定义视频宽度和高度,如图 7-30 所示。

图 7-29

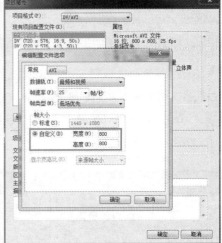
图 7-30

第3步 将准备的视频素材文件导入到时间轴，常用的方式有3种。

① 依次单击菜单栏"文件"→"将媒体文件插入到时间轴"→"插入视频"命令，如图7-31所示，进入到素材文件路径选择界面，如图7-32所示。

图 7-31

图 7-32

② 在素材库面板顶栏单击"文件夹"样式的图标，如图7-33所示，导入媒体到素材库，再将其拖动到时间轴进行剪辑。

③ 在时间轴面板单击鼠标右键弹出选项框，如图7-34所示，选择"插入视频..."，进入到素材文件路径选择界面。

图 7-33

图 7-34

第4步 导入的视频素材文件通常不是方形比例，如图 7-35 所示，此时可双击时间轴视频素材进入其选项面板，单击"重新采样选项"下拉框，根据实际情况选择"保持宽高比（无字母框）"，因视频素材与项目设置比例问题不建议选择"调到项目大小"。另外，还可将视频素材从"视频轨"拖动到"覆叠轨"，此刻预览面板中的视频素材会打开缩放框，通过手动调节以达到画面铺满屏幕的效果，如图 7-36 所示。

图 7-35

图 7-36

第5步 将视频素材剪辑到 9 秒内，如图 7-37 可见"TEST.MOV"明显超时。使用"滑轨"工具进行预览，同时使用剪刀形状的"根据滑轨位置分割素材"工具将视频素材主体部分剪辑出来，删除无用部分。如图 7-38 所示，此时视频剩下约 13 秒依然处于超时状态，可根据需求再剪掉部分使时长少于 9 秒。

图 7-37

图 7-38

另外,也可双击时间轴素材进入其选项面板,选择"变速"对视频进行适当的加减速控制其时长,如图 7-39 所示。调节变速时,亦可方便地看到调整后的总时长避免偏差过大,如图 7-40 所示。

图 7-39

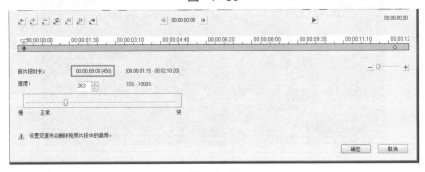

图 7-40

图 7-41

第6步 视频消音处理。大多数前期录制的视频均会有一定的环境噪声,用于淘宝主图视频展示时,可先将视频的声音消除。鼠标右击时间轴上的视频素材,在弹出的选项面板中选择"静音"即可,如图 7-41 所示。

第7步 视频剪辑完成之后我们便可导出视频文件,单击步骤面板中的"共享",在剪辑之前已设置过项目属性,勾选"与项目设置相同"即可单击"开始"渲染输出,如图 7-42 所示。如果剪辑之前未设置好项目属性又需要输出方形比例,此时可在未勾选"与项目设置相同"情况下选择"自定义",接着操作本节第 2 步对项目参数的设置,如图 7-43 所示。

图 7-42

图 7-43

7.3.2 详情页视频制作

淘宝详情页视频与主图视频在编辑流程上类似，且减少部分要求。因此，在尺寸上可以使用默认 16：9 或 4：3 比例，更符合人们的视觉习惯，如图 7-44 所示。

在视频时长上也无特殊限制，建议根据自身产品类目来控制视频展示时长，不易过长以免引起顾客视觉疲劳。

7.3.3 为视频添加 Logo

以为视频添加静态 Logo 为例，处理前需要注意如下三点。

（1）提前准备好 Logo 透明 PNG 格式或背景透明的 PSD 格式图片。

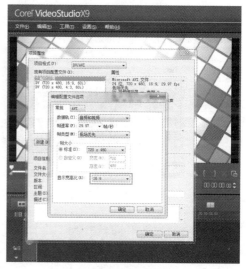
图 7-44

（2）根据视频整体色的深浅准备与其反差颜色的 Logo 图，避免 Logo 与视频颜色过于接近无法看清。

（3）Logo 图片尺寸不宜过小，避免在视频中调整后失真。

Logo 素材准备妥当之后，在会声会影软件里将视频素材放入视频轨，通过以下几步即可为视频添加 Logo。

第 1 步 从覆叠轨位置右击鼠标，选择"插入照片..."，如图 7-45 所示，弹出路径选择框将准备好的透明 Logo 图片放入覆叠轨。

第 2 步 调整 Logo 大小及位置，注意视频边界框避免渲染输出后显示不完全，如图 7-46 所示。

第 3 步 将鼠标移至时间轴上 Logo 素材右侧，当鼠标变为修整标记符号时拖动鼠标，使图片长度与视频素材长度一致，保持 Logo 从头到尾均展示，如图 7-47 所示。也可双击时间轴上 Logo 素材，在其选项面板中直接输入需要的时长，如图 7-48 所示。若不需要 Logo 一直展示到视频结尾，可不操作此步骤，视频添加 Logo 完成后，可执行渲染输出步骤。

图 7-45　　　　　　　　　　　图 7-46

图 7-47　　　　　　　　　　　图 7-48

7.3.4　为视频配音

为视频配音常见有两种方式，一种是将歌曲、纯音乐或自行用设备录制好的音频文件插入到视频素材中，较为方便，在淘宝视频中使用率比较高；另一种是在视频剪辑时利用会声会影内置功能进行音频捕获，需要有声音捕获设备支持。先了解第一种方式的具体操作。

第1步　在时间轴音频轨上，鼠标右击，在弹出的选项框中以此单击"插入音频"→"到音乐轨"命令，如图 7-49 所示。

第2步　进入素材路径选择面板，选择已准备好的音频素材文件，音频素材被导入到音乐轨上，如 7-50 所示。

第3步　若插入的音频素材时间比视频文件长，可选中音频素材单击"播放"试听，根据实际需求剪辑好音频素材时长，如图 7-51 所示。

图 7-49

网店装修中的视频制作 第7章

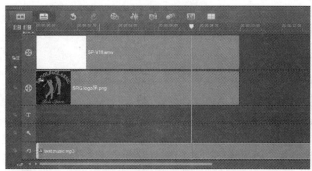

图 7-50

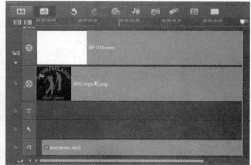

图 7-51

第4步 声音素材剪辑完毕后，为避免声音进入和退出过于生硬，可在时间轴音频素材上鼠标右击，选择"淡入"和"淡出"，如图 7-52 所示，可通过执行"音频调节"→"起音"和"衰减"命令来设置声音淡入和淡出的所需时间，调节完毕后可执行视频渲染输出，如图 7-53。

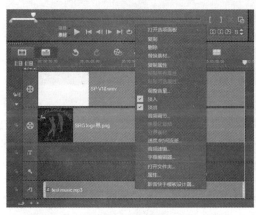

图 7-52

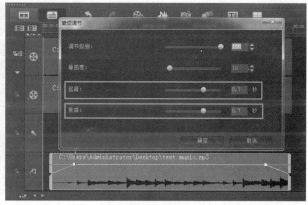

图 7-53

第二种方式是在会声会影软件内置的"画外音"功能，通过录制设备即时配音，具体操作步骤如下。

第1步 视频素材剪辑完成后，单击时间轴上方编辑栏中的"录制/捕获选项"，如图 7-54 所示。在弹出的对话框中单击"画外音"选项，如图 7-55 所示。

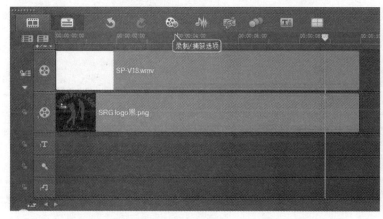

图 7-54

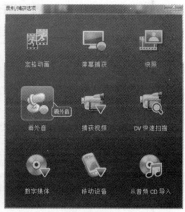

图 7-55

第2步 此时弹出"调整音量"对话框，如图7-56所示。可拖动圆滑块设置录制音量，也可单击"录制"按钮录入和播放5秒音频作设备测试。测试完毕后单击"开始"按钮进行声音录制，需要注意的是"画外音"音频录制的起始位置默认为滑块当前所在时间。

第3步 声音采集结束可按键盘【Esc】键或【空格】停止，声音素材会自动出现在声音轨道上，如图7-57所示。声音采集时也可用鼠标单击时间轴任意位置来停止，但使用鼠标单击时间轴会使滑块位置随鼠标变动，不建议采取此方式。采集到的声音素材可按照第一种方式中"第4步"进行剪辑与修整。

图 7-56

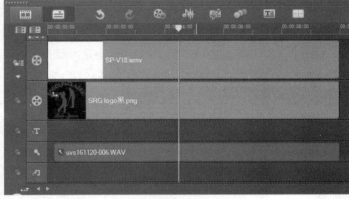

图 7-57

7.4 上传与应用视频

当把视频制作完毕后，需要上传到网络中存储，然后再引用它们。那么主图视频怎么上传到淘宝视频中心，如何应用到店铺呢？

7.4.1 上传视频到淘宝

前文已介绍过视频对于商品转化率的好处，那么如何将视频上传到商品页面呢？我们分几个步骤来完成。

第1步 在浏览器中输入淘宝主页 www.taobao.com 并登录，单击"卖家中心"，如图7-58所示。

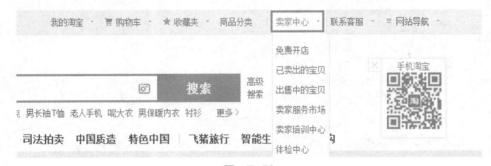

图 7-58

第2步 在卖家中心页面左侧导航栏单击"店铺管理"前的三角形展开菜单,单击"媒体中心"打开订购服务界面,如图 7-59 所示。

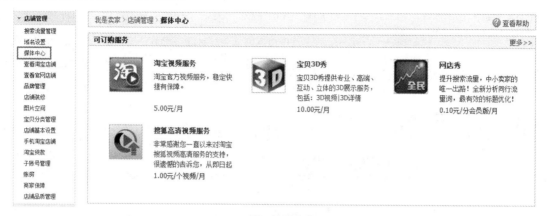

图 7-59

第3步 订购淘宝视频服务,若之前已订购可略过,如图 7-60 所示。

图 7-60

第4步 单击"淘宝视频服务"进入视频管理界面,如图 7-61 所示,目前淘宝针对移动端视频上传服务需要订购旺铺智能版套餐使用,以 PC 端为例单击"电脑端视频"→"上传视频"进入视频上传界面,如图 7-62 所示。

图 7-61　　　　　　　　　　　　　　图 7-62

第 5 步 单击"+"或将视频拖拽到"+"上即可上传淘宝 PC 端视频,可支持 WMV、AVI、MPG、MPEG、3GP、MOV、MP4、FLV、M2T、MTS、RMVB、和 MKV 等常规视频格式。视频上传中可同时填写"标题""描述""标签"及选择分组,待视频上传完毕生成缩略图,选择其中一张作为视频封面,也可自行上传静态图片作为封面,如图 7-63 所示。操作完毕后勾选"同意《上传服务协议》"并单击"确认"按钮来完成视频上传。

第 6 步 视频上传成功后会进入转码审核阶段,如图 7-64 所示。单击"素材管理"可见视频正在转码中,如图 7-65 所示,此时根据视频文件大小通常需要等待几秒至几分钟时间完成转码。

图 7-63

图 7-64

图 7-65

第 7 步 接下来需要将转码完成的视频发布至店铺以供产品调用,如图 7-66 所示,在视频上单击"发布至店铺",在弹出的对话框中单击"确认"完成淘宝视频的上传流程。

7.4.2 主图视频的应用

淘宝主图视频已经成为商品展示、优化排名、提升转化率不可或缺的部分,那么主图视频如何应用到商品主图中呢?

第 1 步 若视频对应商品还未发布,登录淘宝后依次单击"卖家中心"→"宝贝管理"→"发布宝贝"进入商品发布页面,如图 7-67 所示。然后选择商品所属类目

图 7-66

图 7-67

进入商品属性填写界面,在"商品图片"属性栏下依次单击"主图视频"→"从视频空间选择"将对应视频添加到主图视频中。

第2步 若视频对应商品已发布,单击"出售中的宝贝"找到该商品,然后单击"编辑商品",如图 7-68 所示,进入属性编辑界面添加视频到主图。

图 7-68

第3步 属性编辑完毕后单击"提交",若商品之前已发布修改属性后单击"确认修改",此时在商品详情页已可预览到商品主图视频,如图 7-69 所示。

图 7-69

大师点拨29：利用好主图视频让店铺流量及转化率飞升

主图视频展示在商品详情页主图的第一个位置，顾客进入商品详情页面第一眼就能看到，能在9秒内将商品更多信息展示给顾客，更真实和富有创意性。例如服装鞋包等类目商品，通过模特动态穿着效果将商品特性展现出来，再配合时尚背景音乐，能快速吸引住顾客。

主图视频有淘宝官方流量扶持，在淘宝首页右上角"网站导航"→"淘宝视频"中得到展位，如图7-70所示。除此之外，主图视频还能投放到其他知名媒体网站进行推广，引进站外流量，因此有创意的主图视频能极大提升商品转化率。

图 7-70

本 章 小 结

本章除了讲述淘宝主图视频的拍摄及上传外，还非常详细地介绍了会声会影软件的工作原理及流程。学会制作精美的视频，以酷炫动感的视频展示商品，能为商品带来更高的转化率。

第 3 篇

微店店铺设计篇

随着电子商务的发展,网购已成为人们生活中不可或缺的组成部分,并且,越来越倾向于手机无线端,微店就在这样的环境下诞生了。本篇我们会详细地介绍微店店铺设计的实际操作流程。

手机淘宝的视觉设计

本章导读

前面讲述了PC端的网店视觉设计，但是在电商发展的今天，通过手机端进行商品选购及下单的比重越来越大。因此，手机端店铺装修设计也越来越重要，本章主要讲解手机淘宝的视觉设计。

知识要点

- 无线端装修的设计要点
- 无线端的首页装修
- 手机详情页装修
- 其他元素装修

8.1 手机淘宝

手机淘宝是淘宝网官方出品的手机应用软件,它将淘宝旗下团购产品天猫、聚划算、淘宝商城整合为一体,具有搜索比价、订单查询、购买、收藏、管理、导航等功能。用户可以根据各自手机使用的系统,下载对应的版本进行安装使用。

8.1.1 无线端与PC端的区别

随着手机营销的快速发展,无线端成交占比已明显超过了PC端,成为了商家们最为重视的一块发展领域。

首先,无线端和PC端的属性对比,如图8-1所示,可以明显看出无线端属于图片属性的APP,旨在创造用户购物需求;而PC端属于媒体属性网站,旨在引导用户精准购物。

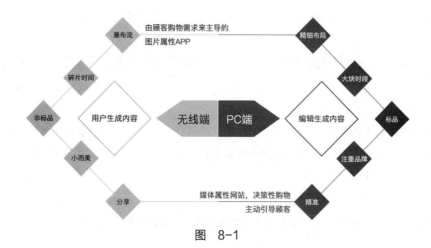

图 8-1

其次,无线端与PC端的成效对比,主要区别存在5个方面。

1. 单击率

一般,无线端的单击率会高于PC端5倍左右,部分热门的类目甚至相差更多。这主要是因为PC端的屏幕尺寸比无线端尺寸大,所以可视范围也更大,相对而言顾客单击就显得更加分散。

目前，无线端显示范围大概在 4~6 张，如图 8-2 所示；而 PC 端显示范围是 9~11 张，如图 8-3 所示。

由此可见，相对于 PC 端来说，无线端的可视范围小，焦点更为集中，店铺的单击率也会越高；而 PC 端页面显示范围广，焦点更为分散，消费者更容易被其他因素吸引而分散注意力，所以店铺单击率相对较低。

解决办法：卖家可加大无线端的推广力度，以提高店铺整体的单击率，以获取更优质的流量。

图 8-2　　　　　　　　　　　　　　图 8-3

2. 访客深度与时长

无线端手机淘宝是不分时段和场合的，目前不少买家都有半夜逛淘宝的习惯，随手拿起手机就能联网购物，但是很少有买家会半夜起来用电脑购物。所以相对于 PC 端来说，无线端的访问深度和在线时长会更深更长。

解决办法：卖家可选择智能的投放广告，同时注意观察买家的在线时长，通过调整时间折扣，创造最大的直通车产比。

3. 转化形式

PC 端的转化形式普遍为询问东西质量、尺寸、快递公司、发货时间或者砍价等情况后，在买家认为已经粗略了解宝贝的时候才下单购买；而无线端客户更多的是静默转化，大多不需要咨询，就直接在平台下单购买。

解决办法：设计师在设计宝贝详情页时，就要注意宝贝的细节、主图、模特图的突出，宝贝描述详细，充分展示买家想要了解的信息，如此能有效地加快成交速度和提高总体销量。

4. 宝贝排名

一般，PC 端的直通车展示位比无线端要多，但是流量分散；而无线端展示位少，流量更加集中。所以，相比 PC 端，无线端排名靠前的宝贝单击率和成交率都会相应增多。

解决办法：卖家应该更加关注无线端的卡位情况，尽量将宝贝排位做到首屏展示，从而争取更多的流量和关注。

5. 关键词

无线端的关键词与 PC 端的关键词在设置上并不完全相同。同一关键词，或许在 PC 端能获得好的排名，但在无线端不一定好。

解决办法：卖家需找到无线端关键词的找词渠道，比如一些系统推荐里的移动包的关键词，手机端的下拉词表等。

8.1.2 淘宝无线端装修设计要点

现在越来越多的买家选择通过无线端购物，所以无线端的装修设计也是很多店铺卖家需要做好的一个重要环节。在开始无线端装修前，首先要分析无线端客户的购物习惯和环境，并思考如何通过手机页面展示，来引导客户进行购买消费。

1. 无线端客户的使用特点

（1）时间碎片化

据统计，绝大部分客户都是利用闲散的时间来浏览手机淘宝，可能在午休时间或者等人的时候，看的时间可能不会太长。这就要求店铺在设计无线页面的时候要简洁明了，突出产品卖点和优势，让消费者第一眼能看明白，并且有继续浏览的欲望。

（2）快速浏览

相比在 PC 端的浏览速度，无线端的浏览速度会更快。客户在使用无线端时的视觉相对 PC 端较短，注意力集中时间会缩短。这就要求店铺在设计无线页面的时候要抓住视觉冲击元素，抢夺客户的眼球，使其关注到宝贝并增加停留时长。

2. 无线端装修设计要点

（1）目标明确，内容简洁

无线端客户在使用手机浏览页面的时候，会相对比较放松，如果在 4 秒内不能吸引住客户，那么客户就会被无情地刷走。因此，拥有一个目标明确、内容简洁的页面是非常重要的，如图 8-4 所示。

①无线端本身的界面就有限，如果店铺装修得很复杂，设置太多东西，给人的感觉会很凌乱，所以在设计时，要注意渲染重点内容，内容尽量简洁明了。

②不要将 PC 端的装修内容照搬到无线端里。因为无线端的图片尺寸和 PC 端的尺寸是不一样的，照搬会让图片缩小，相应文字内容也会变小，甚至出现看不清或者模糊的情况。

（2）注意首页装修

首页是客户的第一视觉冲击点，不仅是设计方面要

图 8-4

有吸引力，而且适当的优惠政策也能吸引较多的客户。这就要求在首页上适时适当地呈现店铺的促销活动和优惠等，并做好详细的分类，如图8-5所示。

（3）注重细节设计

①选取半身或局部特写图

无线端的页面大多是以豆腐块的形式展现，范围有限，因此在选择图片上可以尽量使用半身图或局部特写图，避免视觉上的不清晰，如图8-6所示。

②图片与图片间的过渡搭配

图片间的过渡搭配，可以用影片剪辑中的"交叉蒙太奇"作理论方向，在电影大片中，很难看到同一个镜头画面保持15秒以上。同理，在淘宝详情页中如果一个页面全以半身或特写图呈现，不免显得单调无味。如图8-7所示，可以适当穿插不同构图方式的图片，有意识地调整页面的节奏，使得整个页面浏览起来更加和谐生动。

③图文搭配的排列技巧

图文搭配就涉及到了排版的问题，排版是为了统一文字和图片的位置，优秀的排版能使整个页面都富有创造性，如图8-8所示。在无线端设计中，由于整体面积较小，适量的排版能让画面看起来变得大气，同时还能避免因为"杂乱"而产生的廉价感。

图 8-5

图 8-6

图 8-7

图 8-8

（4）切忌使用太多色彩

设计学中，有一条"7秒钟定律"，它表示"人关注一个商品的时间通常为7秒钟，而这7秒钟的时间内70%的人确定购买的第一要素是色彩"。

通常，在装修设计中，同一版块内最好不要超过3种颜色。这3种颜色分别作为主色，辅助色和点缀色。当然，也可以多使用万能搭配色，如黑色、白色、灰色等，因其跟任何颜色搭配，都比较和谐和容易突出效果。如图8-9所示，某品牌风扇的无线端页面，蓝色作为主色，白色作为辅助色，绿色作为点缀色。

图 8-9

大师点拨30：不可轻视的无线端设计

近年来，电商的发展极大地促进了无线购物平台的产生，对于消费者而言，"一机在手，天下我有"的状态已然非常普遍。相比大而重的电脑，手机更加便于携带，所以无线购物APP也受到很大的推崇，当然无线端设计也成为绕不开的话题。

无线端设计有多重要？

根据阿里巴巴2016年天猫双11公布的数据显示：双11当天，天猫的总交易额超1207亿元，其中无线交易额就占比81.87%。而无线端设计又将直接影响无线端的销量，所以可知无线端设计在无线端销售中的重要性。当顾客进入店铺浏览首页或者详情页时，是想更多地了解感兴趣商品的信息，如果所有的信息是通过精心的排版设计呈现出来的，无疑会第一时间在顾客心中留下好的印象，提高成交率。相反，如果只是简单的几个字陈述，顾客视觉体验不佳的同时，浏览时间也会大幅缩短，从而升高顾客流失率。

无线端的崛起已成为一种必然，将来甚至可能以更加巨大的比例成为网购时代的主宰，所以无线端设计是设计师不可轻视的部分。

8.2 无线端首页装修

无线端店铺想要获得高流量或者高销量，不仅要解决推广引流的问题，还要让店铺的装修设计更有吸引力，以留住客户。首页是进店客户看到的第一个视觉冲击点，所以精美的首页设计是卖家应着力打造的关键点。本章主要介绍淘宝店铺后台的基础版装修操作，当然，目前较为完善的是智能版，也是收费的版本，部分的优质卖家会购买智能版进行装修，操作起来也会更为方便流畅。

那么PC端淘宝后台，如何进入无线端首页装修呢？步骤如下。

第1步 登录淘宝账号，进入卖家中心，在左侧的"店铺管理"中，找到"手机淘宝店铺"并单击进入页面，如图8-10所示。

第2步 单击"无线店铺"下的"立即装修"，进入无线端装修页面，即无线运营中心，在店铺装修中，单击"店铺首页"开始无线端首页装修。如图8-11所示。

图 8-10　　　　　　　　　　　　　　图 8-11

8.2.1 使用首页模块

进入店铺首页后的页面，如图8-12所示，界面左侧为选择组成模块类型，即首页的组成模块，中间为模拟手机进行的实时预览，右侧为编辑模块内容。模块的运用方法是直接单击想要使用的模块，拖到实时预览的相关位置即可。

图 8-12

首页模块，在淘宝无线端后台主要分为四类：宝贝类、图文类、营销互动类和智能类。

1.宝贝类

宝贝分类装修页面如图8-13所示。

①单列宝贝（旧）：最多使用 5 次，其特点是适合展示精美的宝贝大图，以便能更好的吸引消费者的眼球。

②双列宝贝（旧）：通过分析全网数据，双列图片模块作为优惠券组件使用，单击率最高。

③智能单列宝贝和智能双列宝贝：基本模式是通过手工设置商品库和展现方式，进行简单的商品展现。智能模式是提供千人千面的展现能力，可大幅提升单击率和转化率，智能模式需购买"旺铺智能版"使用。

④宝贝排行榜：宝贝排行榜是由系统自动抓取排名前 3 的宝贝，当任意一个榜单不足 3 个宝贝时，整个模块将不显示，如图 8-14 所示。该模块最多用 1 次。

⑤搭配套餐模块：不可编辑。搭配销售宝贝，能提升店铺的客单价。

⑥猜你喜欢：通过推算算法计算出买家感兴趣的商品，不可编辑。

2. 图文类

图文分类装修页面如图 8-15 所示。

图 8-13

图 8-14

图 8-15

①切图模块、视频模块、标签图：切图模块和标签图为智能版专享功能。切图模块可对图片进行个性化热区切图，标签图可设置场景化的宝贝推荐。视频模块需要付费订购使用。所以，此处 3 个模块显示未开通模式。

②标题模块：添加一个易引发消费者关注的标题，能有效增加模块的单击量。

③文本模块：添加有趣的文字内容能增加店铺的特色气质。

④单列图片模块：图片建议尺寸为 608×336 像素，适用于精美大图展示，如图 8-16 所示。

⑤双列图片模块：图片建议尺寸为 296×160 像素，也可展示店铺的宝贝分类，如图 8-17 所示。

⑥多图模块：图片最多 6 张，最少 3 张，建议尺寸为 248×146 像素，可展示优惠券信息。

⑦辅助线模块：不可编辑。

图 8-16

图 8-17

⑧轮播图模块:图片最多 4 张,最少 1 张,建议尺寸为 608×304 像素,可展示店铺优惠活动或主推的宝贝,如图 8-18 所示。

⑨左文右图模块:图片建议尺寸为 608×160 像素,建议图片与图片上的文字颜色要区分开来,让消费者更容易看清楚文字。

⑩自定义模块:可以添加 10 个子模块。

3. 营销互动类

营销互动分类装修页面如图 8-19 所示。

①倒计时模块:属于智能版专享功能,可设置有活动氛围的倒计时。

图 8-18　　　　　　　　　　　　　　图 8-19

②优惠券模块：优惠券能恰当地促进消费者的购买欲望。优惠券分为店铺优惠券和商品优惠券，此模块为店铺优惠券模块，可根据编辑模块进行付费订购创建。

③店铺红包：卖家自己设置的店铺的无门槛代金券，可以有效提高店铺转化率。根据编辑模块的内容，进入店铺红包设置入口进行设置即可，如图 8-20 所示。

④电话模块：即在店铺首页添加电话号码，为了让消费者更容易联系到客服，便于更好地服务于消费者。

⑤活动组件：最多用 1 次。制作有特色的活动，聚集店铺的人气。

⑥专享活动：根据提示创建营销活动，如打折、减现、包邮等。

图 8-20

图 8-21

⑦活动中心模块：图片建议尺寸为 608×361 像素。添加该模块后，可直接转跳至店铺活动页，包括汇聚官方推荐的热门活动。如果没有正在进行的店铺活动，该模块则自动不显示。

4. 智能类

智能类装修页面如图 8-21 所示。

①智能海报模块、新客热销、潜力新品：这 3 种功能均为智能版专享功能，可设置场景化的宝贝推荐。

②新老客模：图片建议尺寸为 608×336 像素。通过新老客模块设置针对购买过（180 天内）的用户和新用户进行营销，可以更好地提高个性化运营能力。

8.2.2 设计无线端店招

新版的淘宝无线端店铺装修页面，在操作步骤方面简化了很多，这让新手更容易上手，并且大部分的基础模板功能都免费。就只需要准备好图片素材，根据淘宝提示无线端店招的尺寸为 642×200 像素，类型为 JPG、JPEG、PNG 格式，按照大小替换图片即可。具体操作步骤如下。

第 1 步 准备好无线端店招素材，见"光盘\素材文件\第 8 章\无线端店招素材 .jpg"，调整好尺寸，如图 8-22 所示。

第 2 步 单击编辑模块中的店招部分，因目前已经存在店招，所以此时提示的是"重新上传"，如图 8-23 所示。

图 8-22

第 3 步 单击"重新上传"。可选择即时上传新图片或者从图片空间选择上传，此时我们选择即时上传新图片，如图 8-24 所示，单击"上传"确认。

第 4 步 上传后的预览图片，如图 8-25 所示，单击右下角"确定"后可在实时预览界面查看效果，如图 8-26 所示，最后单击"发布"即可应用到店铺。

图 8-23

图 8-24

图 8-25

图 8-26

8.2.3 设计焦点图

在最新的淘宝无线端店铺装修中,焦点图的模块即图文类中的轮播图模块,如图 8-27 所示。焦点图多指此模块为 1 张图片,而轮播图多指此模块为 2~4 张图片。

设计无线端店铺的焦点图,具体操作如下。

第1步 准备好焦点图素材,见"光盘\素材文件\第8章\焦点图素材.jpg",调整素材图片尺寸,官方建议选择尺寸为608×304像素的图片,类型为JPG、PNG格式,如图8-28所示。

图 8-27　　　　　　　　　　　图 8-28

第2步 将鼠标置于轮播图模块上,按住鼠标左键,拖动到实时预览的手机页面适当位置,如图8-29所示。

第3步 此时在右侧编辑模块内容中,会出现轮播图模块设置。单击图片下方的"+",可就此添加图片,如图8-30所示。

图 8-29　　　　　　　　　　　图 8-30

第4步 添加已经准备好的图片,确认上传,如图8-31所示。

第5步 上传后的预览图片,如图8-32所示。然后单击右下角"确定"按钮后可在实时预览界面查看效果,如图8-33所示。最后单击"发布"即可应用到店铺。

图 8-31

图 8-32　　　　　　　图 8-33

8.2.4 设计优惠券

由于不同性质的设置方式不同，优惠券分为店铺和商品优惠券。店铺优惠券需付费创建，所以这里所说的优惠券指免费的商品优惠券。

你是否也遇到过这样的问题：对于淘宝无线端而言，直接使用 PC 端生成的优惠券链接，无法保存发布，或者优惠券通过无线端无法正常领取？这是设置流程出现了差错。那么，淘宝无线端优惠券设置的正确流程是怎样呢？

1. 设置优惠券

第1步　进入店铺卖家中心后台，找到"营销中心"→"店铺营销中心"单击进入，如图 8-34 所示。然后在页面中单击"商品优惠券"进行设置，如图 8-35 所示。

图 8-34

图 8-35

第2步 进入相应页面后，根据提示填写优惠券设置条件，如图 8-36 所示，然后单击"下一步"按钮确认。

第3步 如图 8-37 所示，依次单击"保存""确定"按钮，完成优惠券创建。

第4步 可在活动管理中查看商品优惠券，并且复制对应优惠额的优惠券链接，如图 8-38 所示。

图 8-36

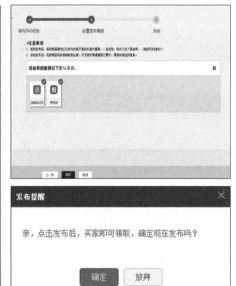

图 8-37

图 8-38

第 5 步 此时直接复制的优惠券链接为 http：//taoquan.taobao.com/coupon/unify_apply.htm?seller_id=640547482&activity_id=ca84dd6a7f0d42b6b72f52b0768816f5。注意，此时的优惠券如果放在 PC 端页面，可以直接使用该链接，手机端则不能。所以要进行第二步，转化为手机端链接。

2. 修改链接，转换为无线端可用

第 1 步 复制链接到记事本，修改前链接为 http：//taoquan.taobao.com/coupon/unify_apply.htm?seller_id=640547482&activity_id=ca84dd6a7f0d42b6b72f52b0768816f5。

第 2 步 修改为淘宝无线端链接（即将 http：//taoquan.taobao.com/coupon/unify_apply.htm? 替换为 http：//shop.m.taobao.com/shop/coupon.htm?），所以，修改后链接为 http：//shop.m.taobao.com/shop/coupon.htm?seller_id=640547482&activity_id=ca84dd6a7f0d42b6b72f52b0768816f5。

3. 添加自定义模块，设置优惠券

第 1 步 在淘宝无线端装修后台，图文类中添加"自定义模块"，该模块的限定尺寸为 608×304 像素。由于此时操作的优惠券的尺寸为 608×152 像素，所以在模块中添加 3 个子模块，尺寸分别为：228×152 像素，152×152 像素，228×152 像素，如图 8-39 所示。

第 2 步 准备好优惠券素材图片，见"光盘\素材文件\第 8 章\优惠券素材.jpg"，如图 8-40 所示。

图 8-39

图 8-40

第3步 裁剪素材为自定义子模块中的尺寸，如图 8-41 所示。

图 8-41

第4步 将裁剪好的图片，插入淘宝无线端后台自定义模块中，如图 8-42 所示。

第5步 将第二步中，修改后的优惠券链接放入"链接"中，单击"确定"，并"保存""发布"完成优惠券设计，如图 8-43 所示。

图 8-42

图 8-43

8.2.5 设计分类图

分类导航可使用简单的文字展现，也可以运用独具特色的图片展现。如果使用简单的文字分类，则导航的大小与颜色不能改变。如果卖家想让自己店铺的分类导航显得与众不同，则可将各项分类导航制作成图片，如图 8-44 所示。

那么如何设计分类图呢？具体步骤如下。

第1步 在 Photoshop 软件中新建大小为 608×912 像素的文档，如图 8-45 所示。然后添加文字和商品图片并进行排版设计，最终效果见"光盘\结果文件\第 8 章\分类图设计 .psd"。

图 8-44   图 8-45

第2步 找到准备好的分类图素材,见"光盘\素材文件\第8章\分类图素材.jpg",然后在 Photoshop 软件中打开,利用"切片工具"进行切片,如图 8-46 所示。

由于在运用"自定义模块"设计分类图时,切片大小需以该模块的尺寸比例为准(长、宽为 76 的倍数),所以此处切片 6 张,从左至右尺寸分别为 304×456 像素、304×456 像素、304×228 像素、304×228 像素、304×228 像素、304×228 像素,然后选择菜单栏"文件"→"存储为 Web 所用格式 …",存储后为一个 images 文件夹,内容如图 8-47 所示。

图 8-46   图 8-47

第3步 登录淘宝账号，将 images 文件夹中的图片上传到"图片中心"，如图 8-48 所示。

图 8-48

第4步 进入"无线运营中心"，在"店铺首页"中选择并添加图文类的"自定义模块"，分割好图片位置并添加对应图片，效果如图 8-49 所示。

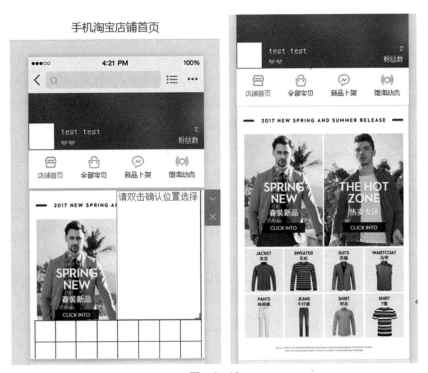

图 8-49

第5步 添加链接。分类图不仅可以浏览产品，还能引导客户下单，添加适当的链接就能有效地发挥其作用。如图 8-50 所示，在右侧的编辑模块中，添加客户单击此图需要出现的页面链接，单击"确定"，"保存""发布"即完成分类图设计。

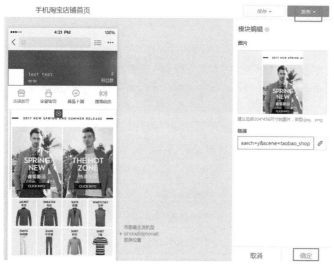

图 8-50

8.2.6 首页备份

淘宝店铺设计好后,应该及时地备份店铺首页模板,方便下次进行还原,以防再次烦琐地对目标进行排版和修改。首页备份步骤如下。

第1步 进入无线运营中心,在店铺装修页面中,有一个保存按钮,下拉三角形出现"备份"字样,如图 8-51 所示。

图 8-51

第2步 单击备份,出现如图 8-52 所示页面,填写备份名称,"确定"。

第3步 提示备份成功后,单击"店铺装修"下方的"备份",即可查看备份后的界面,由此备份完成,如图 8-53 所示。

图 8-52

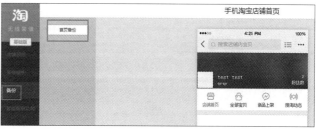

图 8-53

大师点拨 31：设置无线端优惠券，提升无线端转化率

"优惠"永远是顾客购买商品时最关注的点，淘宝优惠券就是围绕这个点进行设置的。根据活动大小的不同，优惠券的面额也有差异。

不管是 PC 端还是无线端，设置优惠券都能够有效地刺激顾客消费，从而提高转化率。当然，优惠券的设置和发放是有讲究的，按照顾客的购买需求或者购买习惯等进行筛选后再发放的优惠券，最终的使用率通常会较高。相反，如果没有经过筛选而海量发放优惠券，可能效果不太明显。

设置优惠券包括面额和用券门槛的设置，面额方面店铺可根据成本和利润自行设定，目前淘宝支持 3、5、10、20、30、50 和 100 元等面额的优惠券发放。门槛方面，对于顾客来说，无门槛优惠券当然是最具吸引力的，而随着优惠券门槛变高，使用率会逐渐降低，成交转化率也会降低。

所以，卖家应适当地利用无线端优惠券，来提高店铺流量，同时提高无线端转化率。

8.3 手机详情页装修

无线端购物的异军崛起，让很多卖家看到了无线端的商机。淘宝也顺应无线端的变化，适时推出了手机版宝贝图文详情。

8.3.1 PC 端详情页导入

手机端详情页可从 PC 端详情页导入，主要操作步骤如下。

第 1 步 进入卖家中心，在"宝贝管理"中找到"出售中的宝贝"，单击进入，如图 8-54 所示。

图 8-54

第2步 进入"编辑宝贝"页面,在编辑好 PC 端的宝贝详情后,单击下方的"手机端描述"中的"导入 PC 端描述",如图 8-55 所示,确认生成手机版宝贝详情。

此外,也可直接在手机端描述添加图文详情,操作如下。

第1步 在"编辑宝贝"页面中,找到"手机端"宝贝描述编辑框,如图 8-56 所示。

第2步 单击"添加"按钮,自主添加手机端宝贝详情,如图 8-57 所示。

图 8-55

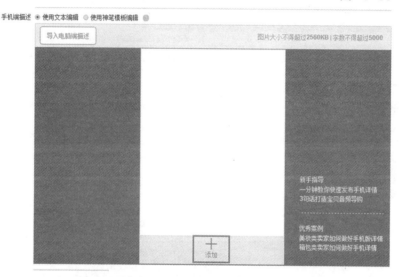

图 8-56

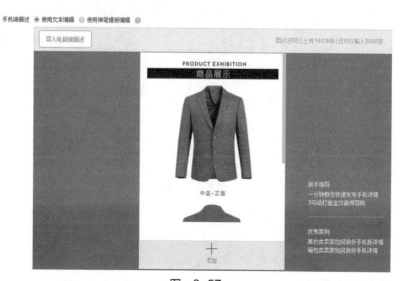

图 8-57

问：以上两种详情页导入方式有什么区别？

答：相同点是两种导入方式都将清除之前的手机版宝贝描述，并生成新的。而且，在确认生成后，都需单击页面最下角的"确认"按钮，保存更改使用。

不同点是在利用PC端生成手机端描述的情况下，如果PC端描述的图片存在外链图片，生成手机端描述时系统将自动过滤无法正常展示的图片。而在手机端直接添加图文详情则不存在此种情况。

8.3.2 利用"神笔"快速制作无线详情页

"神笔"是淘宝官方为卖家推出的一款装修店铺的神器，如何使用"神笔"来制作宝贝详情页？具体操作步骤如下。

第1步 进入无线运营中心，单击"详情装修"，如图8-58所示，首次登录系统会自动提示神笔的操作流程。

图 8-58

第2步 关闭提示后，呈现的是神笔模板的装修市场，卖家可以根据店铺的风格和宝贝人群定位，选择适合的模板，如图8-59所示。

第3步 使用模板。如果是付费模板，可先试用，如果装修后的效果与店铺产品相匹配，再决定购买使用。此处选择的是免费模板，即可单击"使用模板"，"立即使用"，如图8-60所示。

图 8-59

第 4 步 选择使用模板的宝贝，可以看到神笔模板，可以编辑手机端和 PC 端的详情，相当好用。此处选择"编辑手机详情"进行下面的页面介绍。如图 8-61 所示，区域 1 为图片、文字编辑区；区域 2 为前进、后退、预览等功能区；区域 3 为模块操作区。

第 5 步 根据不同的要求修改页面的操作方法。

（1）更改图片

①单击想要更改的图片，在模块操作区下方，会出现图片的尺寸，如图 8-62 所示。

图 8-60

图 8-61

图 8-62

②根据模块的尺寸,调整替换的图片素材大小,见"光盘\素材文件\第8章\神笔素材.png",如图8-63所示。

图 8-63

③单击图片左上角"替换图片"图标,如图 8-64 所示,上传神笔素材,即完成图片更改。

(2)更改文字

对于更改文字而言,使用神笔,不需要再通过 Photoshop 软件更改文字后上传,而是可以直接在想要更改的文字上修改,如图 8-65 所示,单击文字,修改内容。

(3)添加链接

①选中要添加链接的图片,选择"添加热区"图标,如图 8-66 所示。

图 8-64

②可直接填写链接或者选择宝贝进行链接,单击"确定"即可,如图 8-67 所示。

图 8-65

图 8-66

图 8-67

③此时页面会出现蒙版区，此区域能根据装修图片进行修改。把边框拖动到想要的大小位置即可完成热区添加，如图8-68所示。

图 8-68

大师点拨32：无线端详情页关联推荐加超链接方法

第1步 准备好需添加超链接的无线端详情页关联推荐图片素材，见"光盘\素材文件\第8章\无线详情页加超链接素材.png"，如图8-69所示。

第2步 单击淘宝后台的"卖家中心"→"出售中的宝贝"，找到需要添加关联推荐图片的宝贝，单击"编辑宝贝"，如图8-70所示。

第3步 如图8-71所示，在宝贝详情页中找到"手机端描述"，选择"使用文本编辑"，并单击"添加"，将准备好的关联推荐图片单击"插入"到手机端详情页，操作完成单击"发布"，效果如图8-72所示，注意此时无法添加链接。

图 8-69

图 8-70

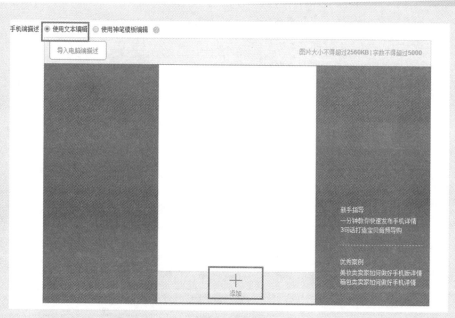

图 8-71

图 8-72

第4步 登录千牛工作台，如图8-73所示，单击左下角的"我的应用"打开"神笔"，进入神笔界面找到"操作中心"→"模板管理"→"自定义模板"，如图8-74所示。

第5步 单击"神笔"图标，选择需要编辑的宝贝"编辑手机详情"，如图8-75所示。单击进入图8-76所示界面后单击"导入详情"，即可浏览到关联推荐图。

图 8-73

图 8-74

图 8-75

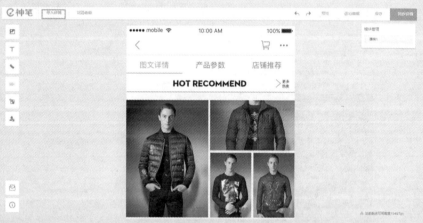

图 8-76

第6步 单击关联推荐图中某一个商品图片,这时候左上角会出现如图8-77所示的"添加热区"按钮,单击进入并选择对应添加的宝贝,单击"确定"如图8-78所示,当然也可以添加多个链接,将热点框的大小改变到合适大小即可。

第7步 所有超链接操作完成后,单击右上角的"同步详情"→"确定同步",如图8-79所示,即完成无线端详情页关联推荐加入超链接。

图 8-77

图 8-78

图 8-79

8.4 手机店铺其他装修

手机店铺的装修模块多种多样,在无线运营中心中,除了以上介绍的常用店铺装修和详情装修以外,还包括图 8-80 所示的装修,卖家可自行选择适合店铺的模块进行店铺装修。

下面主要介绍另外 3 种装修模块。

8.4.1 自定义菜单

自定义菜单设置得好,能有效地提升品牌影响力,同时让顾客更好地浏览店铺。那么什么是自定义菜单?在手机界面的哪个位置呢?如图 8-81 所示,框选区域即为自定义菜单区域。

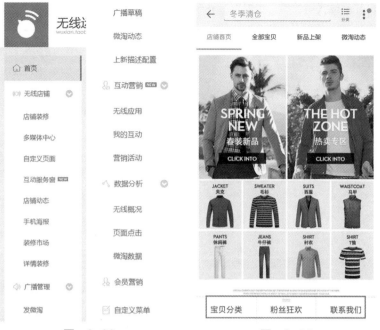

图 8-80　　　　　　　　　　图 8-81

在无线运营中心中，设置自定义菜单的步骤如下。

第 1 步　下拉找到"自定义菜单"的位置，单击进入，如图 8-82 所示。

图 8-82

第 2 步　单击"创建模板"，输入模板名称，单击"下一步"确认，如图 8-83 所示。

图 8-83

第3步 在打开的编辑菜单里,根据页面显示填写相应的操作。单击选中菜单前面的小对号代表菜单被显示,右边出现实时预览,如图 8-84 所示。

图 8-84

第4步 添加子菜单。单击添加子菜单,弹出子菜单编辑选项,可以添加系统给的链接,也可以自定义链。如图 8-85 所示,此处选择添加旺旺客服。

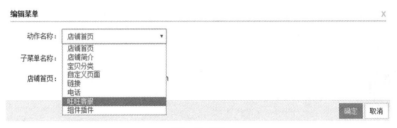

图 8-85

第5步 单击确定,添加成功,可在右侧进行预览,如图 8-86 所示。最后单击"确定发布",完成自定义菜单设置。

图 8-86

8.4.2 手机海报

在无线运营中心中,设置手机海报的步骤如下。

第1步 下拉找到"手机海报"的位置,单击进入,如图 8-87 所示。

图 8-87

第2步 选择合适的模板,单击"免费制作",进入神笔编辑界面,如图 8-88 所示。

图 8-88

第3步 可根据需要任意更改文字和图片。注意:更改背景图片时,右端会提示该图片的大小为 640×1136 像素,所以需要事先在 Photoshop 软件中设计好,方可上传,如图 8-89 所示。

图 8-89

第4步 单击神笔界面右侧的"更换图片背景",进入上传页面,单击"添加图片",如图8-90所示。

第5步 选择图片打开后,自动上传完成,单击"保存"并"发布",确认手机海报的更改。图8-91所示为更改前和更改后对比。

图 8-90

图 8-91

8.4.3 自定义页面装修

在无线运营中心中,设置自定义页面的步骤如下。

第1步 下拉找到"自定义页面"的位置,单击进入,如图8-92所示。

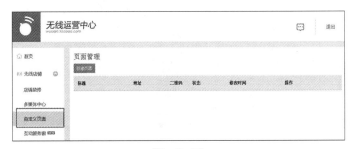

图 8-92

第2步 单击新建页面,创建自定义页面,输入页面名称,"确定",如图8-93所示。

图 8-93

第3步 单击"编辑"按钮,出现与店铺首页装修类似的界面,只是最上方的"手机淘宝店铺首页"更改为设置好的页面名称"双十一",如图 8-94 所示。

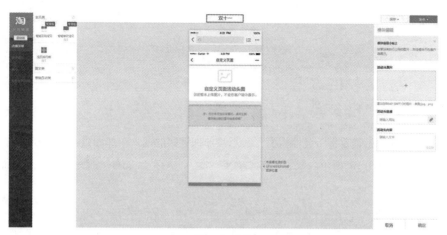

图 8-94

第4步 与店铺装修相似的,根据提示添加图片或者宝贝,并确定发布,如图 8-95 所示。

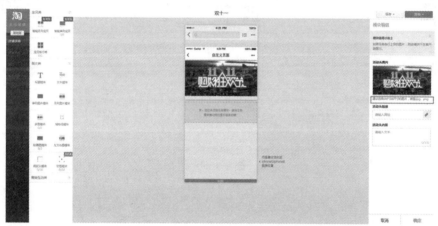

图 8-95

第5步 返回"自定义页面"复制链接，如图8-96所示。

图 8-96

第6步 跳转到"店铺首页"装修页面，在想要添加链接的图上添加即可。此处添加的为复制的自定义页面的链接，如图8-97所示。最后单击"确定"后，"保存""发布"即完成自定义页面设置。

图 8-97

大师点拨33：利用"千鸽"在微信中展示淘宝无线店铺

"千鸽"是千尺云公司研发的一个微信网址转换工具，通过千鸽转换网址后，可以实现在微信中直接打开淘宝无线店铺，从而实现微信购物。具体的操作步骤如下。

第1步 打开"千鸽"官网，网址为 http://www.qiange.so/，如图8-98所示。

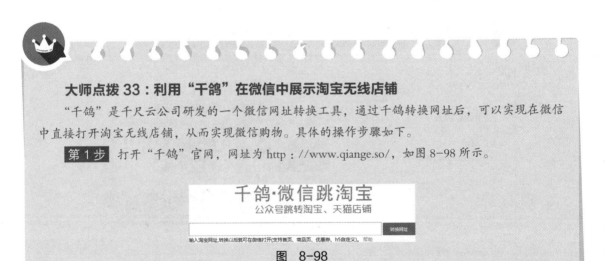

图 8-98

第2步 在店铺网址栏中输入需要转换的淘宝无线店铺网址，单击"转换网址"（支持首页、商品页、优惠券、h5自定义），此时会要求登录，根据步骤登录会生成一个二维码和一个短链接，如图8-99所示。

第3步 转换后的链接可以直接在微信打开，也可以将链接添加到微信公众号的菜单栏或者添加到原文链接，并分享到朋友圈。

图 8-99

本 章 小 结

本章详细讲述了手机淘宝无线端设计，读者可多看优秀店铺的作品，并且根据步骤进行实践操作，一般在设置的过程中，会有步骤以及尺寸的提示。最后在无线端装修的时候，设计的核心是把握流量，增强买家体验权重。所以，一个高视觉度的无线端装修策划，对于一个店铺的无线运营是非常重要的。

有赞微商城的设计与装修

本章导读

微信，一个开放的社交平台，伴随着的微信营销也悄然来临。有赞微商城是有赞针对微信开店开辟的一项增值服务和功能，是一种能设置体现个性豪华的店铺界面。本单将详细介绍有赞微商城的设计与装修。

知识要点

- 首页设计
- 详情页设计

9.1 首页设计

店铺首页即店铺主页,是店铺的门面。好的门面能激发客户浏览的兴趣,快速找到自己想购买的商品,给客户带来良好的购物体验,最终实现高转化率。

9.1.1 店铺主页设置

有赞商城店铺主页的具体设置步骤如下。

第1步 搜索进入有赞商城,网址为 https://youzan.com/,界面如图9-1所示。

图 9-1

第2步 根据提示注册有赞,并"创建店铺",创建步骤如图9-2所示。

第3步 创建成功后会进入到如图9-3所示界面。然后找到"店铺"→"微页面"进入店铺主页设置页面,如图9-4所示。

第4步 单击"编辑"按钮,显示如图9-5所示的页面。

第5步 根据提示填写资料和替换图片。注意:在添加商品图片处,必须事先在"商品"→"商品管理"中单击"发布商品",如图9-6所示。

图 9-2　　　　　　　　　　　图 9-3

图 9-4

图 9-5

图 9-6

第6步 如图9-7所示,进入发布商品页面,此时根据步骤提示进行操作设置商品属性、主图和详情页,素材见"光盘\素材文件\第9章\发布商品文件",设置完成单击"上架"按钮即可。

图 9-7

第7步 返回"店铺"→"微页面",单击"编辑"按钮设置店铺主页,继续第4步未完成操作,添加轮播海报素材,见"光盘\素材文件\第9章\轮播海报素材.jpg",效果如图9-8所示。

第8步 添加商品。将页面拉到最下方,添加一个"商品"模块,如图9-9所示。

图 9-8   图 9-9

第9步 如图9-10所示,单击"+",单击刚发布商品后面的"选取",并"确定使用"即可。当然卖家也可根据不同需求,更改右侧的选项。

图 9-10

第10步 商品添加完成后,单击最下方的"上架"按钮完成主页设置,如图9-11所示。此时默认模板大体已完成,如果还有需要添加的模块,可继续选择相应的模块内容进行自定义编辑。

第11步 主页设置完成后,可在"店铺"→"微页面"中查看操作设置,如图9-12所示。

图 9-11

图 9-12

9.1.2 使用模板设计主页

合理的使用模板能使设计更加快捷，在有赞商城中使用模板设计主页的具体步骤如下。

第1步 在"店铺"→"微页面"中，单击"新建微页面"，会弹出如图 9-13 所示的页面模板，当然不同时间出现的模板不同，卖家可自行选择。

第2步 此页面中主要有 4 种模板类型：基础模板、场景导航、主页模板和付费模板。挑选"店铺主页模板"并单击"使用模板"，出现如图 9-14 所示页面。

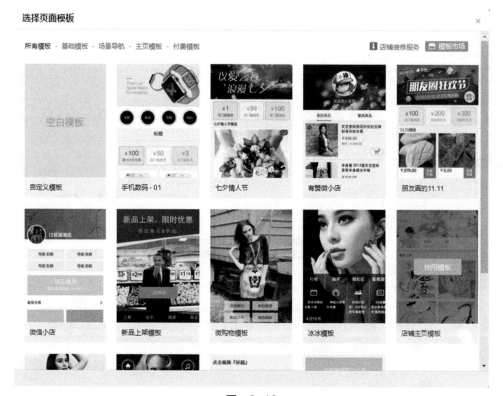
图 9-13

第3步 根据提示编辑模板内容,方法与上小节店铺首页设置类似,完成后效果如图9-15所示,最后单击"上架"即可。

图 9-14　　　　　　　　　　　图 9-15

9.1.3　设置页面导航

页面导航是店铺的重点之一,在有赞商城中页面导航的具体设置步骤如下。

第1步 单击"店铺"→"店铺导航"进入,会弹出如图9-16所示的界面。

第2步 单击上图的"修改模板",会出现如图9-17所示的导航模板,选择适合店铺的模板,单击"确定"。

图 9-16　　　　　　　　　　　图 9-17

第3步 此时在实时预览页面就会出现已选择好的导航模板，如图9-18所示。

9.1.4 设置自定义模块

自定义模块是最广泛使用的模块，前面已经简单提到过其使用方法，具体操作步骤如下。

第1步 单击"店铺"→"自定义模块"进入，出现图9-19所示界面。

第2步 单击"新建自定义页面模块"，进入图9-20所示页面，添加内容均为自定义模块，在一个自定义模块里，可根据需要添加多种页面组件。设置自定义模块的方式为直接单击模块名称即添加该模块。在某个微页面中，可自主添加自定义模块，再根据提示设置模块数据。

图 9-18

图 9-19

图 9-20

9.1.5 设置公共广告

公共广告的具体设置步骤如下。

第1步 单击"店铺"→"公共广告"进入,并进行"启用",如图9-21所示。

图 9-21

第2步 选择好展示位置及出现的页面,并添加"图片广告"模块内容,如图9-22所示。

第3步 上传公共广告素材,见"光盘\素材文件\第9章\公共广告素材.jpg",再单击下方"保存"按钮即可,如图9-23所示。

图 9-22　　　　　　　　　　　图 9-23

9.2 详情页设计

恰当的商品详情页设计,能有效地提高商品的成交率,在有赞微商城的装修设计中,详情页设计也是必要点。

9.2.1 详情页设置

详情页设置通常是在发布商品的时候进行编辑。在店铺主页设计中，我们有提到商品的发布流程，而详情页设置则为商品发布的第 3 步，其具体步骤操作如下。

第 1 步 单击 "商品" → "商品管理" 进入页面，并单击 "发布商品"，根据提示编辑商品品类和基本信息后，进入第 3 步的详情设置，如图 9-24 所示，如果已经在 Photoshop 软件中编辑好详情页图片，则可单击图片图标直接导入图片，选择图片按钮单击上传。如果没有事先编辑好，则可根据添加 "自定义模块" 的内容进行详情页的设置。

第 2 步 根据提示选择图片并上传，图片上传成功后，在实时浏览页面可以看到上传的详情页，如图 9-25 所示，单击 "上架"，详情页设置完成。

图 9-24　　　　　　　　　　　图 9-25

9.2.2 导入淘宝的详情页

通过导入淘宝商品功能，卖家可以快速填充自己的店铺。批量上货导入淘宝商品有两种方式，一是通过淘宝商品链接导入，二是通过淘宝助理导出的 CSV 文件导入。

1. 通过淘宝商品链接导入

第 1 步 进入发布商品的第 2 步，如图 9-26 所示，选择 "快速导入淘宝商品信息"。

第 2 步 把要导入的商品的淘宝链接粘贴上，单击 "确定"，导入成功，编辑库存、运费等信息即可，如图 9-27 所示。

2. 通过淘宝助理导出的 CSV 文件导入

第 1 步 下载 "淘宝助理" 并安装，网址为 http：//zhuli.taobao.com/，如图 9-28 所示。

第 2 步 登录淘宝店铺账号，此时提示需安装阿里钱盾，根据提示在手机上安装并验证完成，重新在淘宝助理中登录后，页面如图 9-29 所示。

图 9-26　　　　　　　　　　　　　图 9-27

图 9-28

图 9-29

第3步 单击"宝贝管理",左侧切换到"出售中的宝贝",并在中部单击选中需要导出的商品(或单击"宝贝标题"栏进行全选),最后单击菜单中的"导出CSV",保存到本地,备用,如图9-30所示。

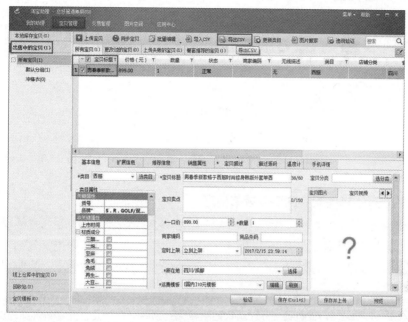

图 9-30

第4步 进入有赞商城,单击"商品"→"商品导入",并选择"导入商品素材",如图9-31所示。
第5步 选择刚才保存的CSV文件并"确定上传",如图9-32所示。

图 9-31　　　　　　　　　　　　　　　　图 9-32

第6步 通过CSV导入的商品,都在"导入商品素材"列表中,如图9-33所示,单击"编辑并上架",商品导入完成。

图 9-33

大师点拨 34：其他微商城平台装修技巧

除了有赞商城，第三方微商城平台还包括微店、微盟旺铺、点点客、风铃、微讯云端、微客巴巴等。以微店为例，具体的装修技巧如下：

第1步 登录微店，网址为 https://d.weidian.com/index.php，界面显示如图9-34。

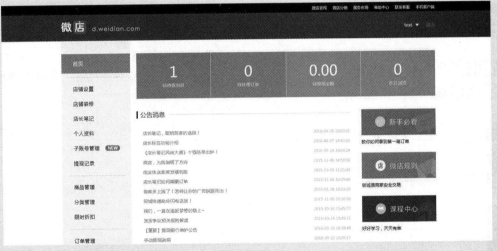

图 9-34

第2步 单击左侧列表中的"店铺装修"按钮，进入页面后，如图9-35所示，将鼠标指针停留在店铺名称的位置，会显示"插入新模块"和"编辑"选项。

第3步 单击"编辑"可以通过左右滑动指示来选择排版样式，如图9-36所示，可根据自我喜好进行选择，设置好后单击"确定"保存。

第4步 然后将鼠标指针放在"商品列表"上，也可以看到"插入新模块"和"编辑"选项，单击"编辑"进入图9-37所示页面，可以选择是否隐藏商品列表和排版样式，设置好后单击"确定"保存。

图 9-35

图 9-36　　　　　　　　　　图 9-37

第5步 设置完成后单击右侧的"预览店铺",可以浏览整个页面,确认无误后单击"应用到店铺"即可完成微店店铺装修。

本 章 小 结

本章介绍了有赞微商城的装修设计,包括首页和详情页的制作。有赞相对来说较为简单,读者可根据需要自行学习和操作。

第 4 篇

PS 宝贝图片优化处理技能篇

大部分卖家并非是专业的摄影师,拍摄出的宝贝图片难免会存在各种各样的问题。使用 Photoshop 处理宝贝图片,可以使宝贝看起来更自然和完美。本篇主要给读者介绍使用 Photoshop 对宝贝图片进行优化处理的必备技能。

Photoshop 网店宝贝优化必备技能

本章导读

对于大多开网店的朋友来说，自己的拍照水平还达不到专业摄影师的水平，拍摄出来的宝贝图片难免有一些瑕疵。但是，若学会并掌握 Photoshop 图片优化与处理技能，往往能让宝贝照片焕然一新。图片的修饰就好比女性化妆，精致的妆容能给人如沐春风的美感。所以，学会 Photoshop 图片优化技能，对于开网店的个体及专业的网店美工来说，是必须掌握的基本技能。

知识要点

- 宝贝图片构图优化处理
- 宝贝图片画面缺陷优化处理
- 宝贝图片色彩优化处理
- 宝贝图片亮度与对比度优化处理

实战 1：调整倾斜的图片并突出主体

拍摄宝贝时，如果相机有偏移，就会拍摄出倾斜的照片，在后期处理中可以进行校正，效果对比如图 10-1 所示。

原图　　　　　　　　　　　　　　效果

图　10-1

在制作本实例中，主要用到"标尺工具" 、"任意角度"命令、"裁剪工具" 知识，具体操作方法如下。

第1步 在 Photoshop 中打开需要调整大小的图片"酒瓶 .jpg"文件（光盘\素材文件\第 10 章\实战 1\），如图 10-2 所示。

第2步 ❶ 选择工具箱中的"标尺工具" ，在酒瓶标签处画出标尺参考线，❷ 可以在"标尺工具" 选项栏中看见照片的倾斜度为 A：39.4°，如图 10-3 所示。

第3步 执行"图像"→"图像旋转"→"任意角度"菜单命令，弹出"旋转画布"对话框，❶ 设置"角度"为 39.4°；❷ 单击"确定"按钮，如图 10-4 所示。通过前面的操作，矫正倾斜的宝贝照片，如图 10-5 所示。

第4步 选择工具箱中的"裁剪工具" ，在图像中拖出定界框，拖动裁剪框四周的控制点，调整裁剪框的大小，如图 10-6 所示。按【Enter】键确定裁剪，照片中主体突出，如图 10-7 所示。

图 10-2

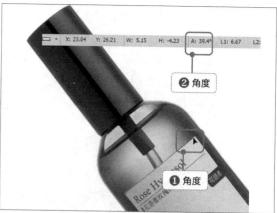

图 10-3

图 10-4

图 10-5

图 10-6

图 10-7

实战 2：去除多余对象

在拍摄宝贝照片时，由于环境比较杂乱，通常会拍摄到目标对象以外的物体，该情况可以在 Photoshop 中进行处理，效果对比如图 10-8 所示。

在制作本实例时，主要用到"套索工具" 、"填充"命令、"仿制图章工具" 知识，具体操作方法如下。

图 10-8

第1步 启动 Photoshop 程序，打开需要去除多余对象的图片"连衣裙 .jpg"文件（光盘\素材文件\第 10 章\实战 2\），选择工具箱中的"套索工具" ，沿着右侧多余对象拖动鼠标指针创建选区，如图 10-9 所示。

第2步 执行"编辑"→"填充"命令，弹出"填充"对话框，在"填充"对话框中，❶ 设置填充为内容识别，❷ 单击"确定"按钮，如图 10-10 所示。

 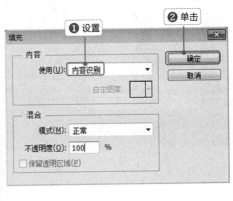

图 10-9　　　　　　　　　　　　　　　图 10-10

第3步 通过前面的操作，清除右侧的多余对象，按【Ctrl+D】快捷键取消选区，如图 10-11 所示。

第4步 选择工具箱中的"仿制图章工具" ，按住【Alt】键，在右侧阴影处单击，进行颜色取样，如图 10-12 所示。

图 10-11　　　　　　　　图 10-12

第5步 在选项栏中,设置"画笔大小"为 125 像素,拖动鼠标指针进行阴影修复,如图 10-13 所示。

第6步 在选项栏中,设置"不透明度"为 50%,拖动鼠标指针在颜色衔接处进行涂抹,使颜色自然融合,最终效果如图 10-14 所示。

图 10-13　　　　　　　　图 10-14

实战 3:宝贝图片降噪处理

宝贝照片中的噪点影响了整体质量,通过 Photoshop 的降噪技术可减少噪点,使照片质感更加柔和细腻。效果对比如图 10-15 所示。

图 10-15

在制作本实例中，主要用到"高斯模糊"命令、图层蒙版、"矩形选框工具"等知识，具体操作方法如下。

第1步 启动 Photoshop 程序，打开需要降噪的图片"灯泡.psd"文件（光盘\素材文件\第10章\实战3\），从图上可以看出，灯泡有很多噪点，按【Ctrl+J】快捷键，复制生成"灯 拷贝"图层，如图 10-16 所示。

第2步 执行"滤镜"→"模糊"→"高斯模糊"命令，❶设置"半径"为3像素，❷单击"确定"按钮，如图 10-17 所示。

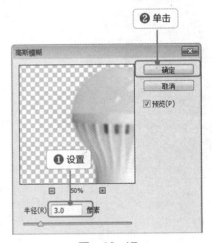

图 10-16　　　　　　　　图 10-17

第3步 在"图层"面板中，单击"添加图层蒙版"按钮，为"图层1"添加图层蒙版，如图 10-18 所示。

第4步 选择工具箱中的"矩形选框工具"，拖动鼠标指针选中灯泡下部，为蒙版填充黑色，效果如图 10-19 所示。

图 10-18　　　　　　　　　　　　图 10-19

实战 4：宝贝图片清晰度处理

模糊的宝贝图片使人的视觉找不到焦点，起不到宝贝应有的宣传作用，在 Photoshop 中，可以轻松修复这类照片，效果对比如图 10-20 所示。

图　10-20

在制作本实例中，主要用到"防抖"命令、图层混合等知识，具体操作方法如下。

第1步 启动 Photoshop 程序，打开需要降噪的图片"钟 .jpg"文件（光盘\素材文件\第 10 章\实战 4\），如图 10-21 所示。按【Ctrl+J】快捷键，复制生成"图层 1"，如图 10-22 所示。

图　10-21　　　　　　　　　　　　图　10-22

第2步 执行"滤镜"→"锐化"→"防抖"命令,在"防抖"对话框中,❶设置"模糊描摹边界"为 31 像素,"源杂色"为自动,"平滑"和"伪像抑制"为 30%,❷单击"确定"按钮,如图 10-23 所示。

图 10-23

第3步 双击"图层 1",在"图层样式"对话框中,❶选择"混合选项:自定",❷设置"混合颜色带"为灰色,❸按住【Alt】键拖动分离"下一图层"右侧的三角滑块到 146/229,❹单击"确定"按钮,如图 10-24 所示。通过前面的操作,恢复白色墙壁锐化过度效果,如图 10-25 所示。

图 10-24　　　　　　　　　　　图 10-25

实战 5:珠宝模特美白处理

拍摄珠宝模特照片时,如果灯光不好,会出现脸部肌肤灰暗粗糙等问题。模特肌肤不完美,也会影响珠宝产品的展示效果。下面介绍如何美白模特肌肤,效果对比如图 10-26 所示。

图　10-26

在制作本实例中，主要用到"色阶"命令、图层混合、"曝光度"命令等知识，具体操作方法如下。

第1步 启动 Photoshop 程序，打开需要美白的模特照片"模特.jpg"文件（光盘\素材文件\第10章\实战5\），按【Ctrl+J】快捷键，复制生成"图层1"，如图 10-27 所示。在"调整"面板中，单击"创建新的色阶调整图层"按钮，如图 10-28 所示。

图　10-27　　　　　　　　　　　　图　10-28

第2步 在弹出的"属性"面板中，设置输入色阶值（20，2，255），如图 10-29 所示。通过前面的操作，调亮人物的整体色调，如图 10-30 所示。

第3步 按【Ctrl+J】快捷键复制调整图层，更改"色阶1拷贝"图层混合模式为滤色，不透明度为30%，如图 10-31 所示。通过前面的操作，柔和增白人物肌肤，如图 10-32 所示。按【Alt+Shift+Ctrl+E】快捷键，盖印所有图层，生成"图层2"，如图 10-33 所示。

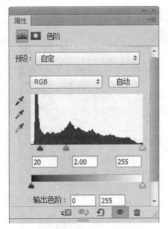

图 10-29

图 10-30

图 10-31

图 10-32

图 10-33

第4步 执行"图像"→"调整"→"曝光度"命令，在打开的"曝光度"对话框中，❶设置"曝光度"为0.1，❷单击"确定"按钮，如图 10-34 所示。最终效果如图 10-35 所示。

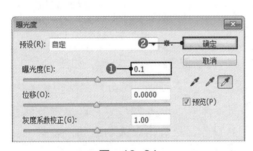

图 10-34

图 10-35

实战 6：衣服模特上妆处理

拍摄模特试穿效果时，有时为了节约时间和化妆成本，可以让模特素颜拍摄，后期再通过 Photoshop 为模特添加妆容。效果对比如图 10-36 所示。

图 10-36

在制作本实例中，主要用到"钢笔工具" 、"羽化"命令、"色彩平衡"命令、"高斯模糊"命令等知识，具体操作方法如下。

第1步 启动 Photoshop 程序，打开需要上妆的模特照片"素颜模特.jpg"文件（光盘\素材文件\第 10 章\实战 6\），如图 10-37 所示。选择工具箱中的"钢笔工具" ，在选项栏中，选择"路径"选项，在嘴唇位置创建路径，如图 10-38 所示。

图 10-37　　　　　　　　　　图 10-38

第2步 按【Ctrl+Enter】快捷键快速将路径转换为选区，按【Shift+F6】快捷键弹出"羽化选区"对话框。设置"羽化半径"为 2 像素；单击"确定"按钮，如图 10-39 所示。按【Ctrl+J】快捷键快速复制选区内容，得到"图层 1"，如图 10-40 所示。

第3步 按【Ctrl+B】快捷键打开"色彩平衡"对话框，输入参数值为（65、–19、–11）单击"确定"按钮，如图 10-41 所示。

图 10-39　　　　　　　图 10-40　　　　　　　图 10-41

第4步 通过前面的操作，为人物添加唇彩，效果如图 10-42 所示。设置前景色为红色 #ff521d，新建"图层 2"，选择工具箱中的"画笔工具"，使用柔边画笔绘制腮红，效果如图 10-43 所示。

图 10-42

图 10-43

第5步 执行"滤镜"→"模糊"→"高斯模糊"命令，设置"半径"为 24 像素，单击"确定"按钮，如图 10-44 所示。通过前面的操作，得到高斯模糊效果，如图 10-45 所示。

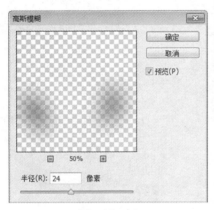

图 10-44

图 10-45

第6步 设置"图层2"图层混合模式为柔光,不透明度为80%,如图10-46所示。通过前面的操作,得到人物腮红效果,如图10-47所示。

图 10-46

图 10-47

实战7:模特人物身材处理

每个人都希望自己的身材比例更完美,能让自己看起来更高、更瘦。通过Photoshop可以轻松调整衣服模特的身材比例,效果对比如图10-48所示。

图 10-48

在制作本实例中,主要用到自由变换操作,"画布大小"命令、"矩形选框工具" "填充"命令等知识,具体操作方法如下。

第1步 启动 Photoshop 程序,打开需要调整的图片"男人装.jpg"文件(光盘\素材文件\第10章\实战7\),如图 10-49 所示。按【Ctrl+T】快捷键,进入自由变换状态,按住【Alt+Shift】组合键向中间拖动鼠标指针,变窄图像,如图 10-50 所示。

图 10-49

图 10-50

第2步 执行"图像"→"画布大小"命令,在"画布大小"对话框中,❶设置"宽度"为 11.01 厘米,"高度"为 16 厘米,❷"定位"为中上部,❸ 单击"确定"按钮,如图 10-51 所示。

第3步 此时,照片的画布整体高度变高,并在画布下方多出白色的画布区域,效果如图 10-52 所示。

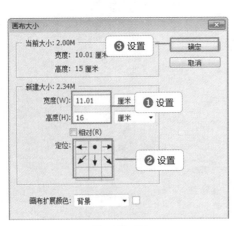
图 10-51

图 10-52

第4步 使用"矩形选框工具"，创建选区，按【Ctrl+T】快捷键，进行自由变换状态，向下方拖动鼠标增高图像，效果如图 10-53 所示。

第5步 使用"矩形选框工具"，按住【Shift】键加选，同时选中两侧的空白和不自然区域，如图 10-54 所示。

图 10-53

图 10-54

第6步 按【Shift+F5】快捷键，执行"填充"命令，❶设置填充内容为内容识别，❷单击"确定"按钮，如图 10-55 所示。最终效果如图 10-56 所示。

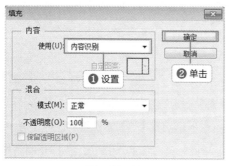

图 10-55

图 10-56

实战 8：虚化宝贝的背景

虚化宝贝背景，或者弱化次要宝贝，可以使宝贝更加突出，创建更有感染力的画面效果，效果对比如图 10-57 所示。

图 10-57

在制作本实例中，主要用到"绘画涂抹"命令、"渐变工具" 、"画笔工具" 等知识，具体操作方法如下。

第 1 步 启动 Photoshop 程序，打开需要虚化背景的照片"鞋子 .jpg"文件（光盘\素材文件\第 10 章\实战 8\），如图 10-58 所示。按【Ctrl+J】快捷键，复制背景图层，生成"图层 1"，如图 10-59 所示。

图 10-58　　　　　　　　　　图 10-59

第 2 步 执行"滤镜"→"滤镜库"命令，❶单击打开"艺术效果"滤镜组，❷单击"绘画涂抹"图标，❸设置"画笔大小"为 14，"锐化程度"为 4，❹单击"确定"按钮，如图 10-60 所示。

第 3 步 为"图层 1"添加图层蒙版，如图 10-61 所示。按【D】键恢复默认前（背）景色。选择工具箱中的"渐变工具" ，在选项栏中，❶单击渐变色条右侧的 按钮，在打开的下拉列表框中，❷单击"前景色到背景色渐变"图标，❸单击"线性渐变"按钮 ，如图 10-62 所示。

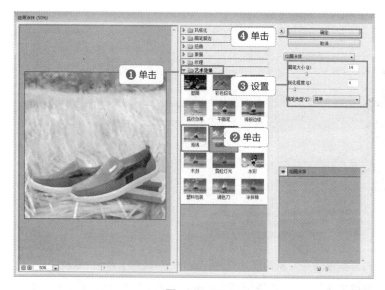

图 10-61

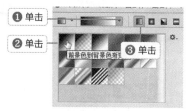

图 10-60 图 10-62

第4步 从下往上拖动"渐变工具" ，修改图层蒙版，如图 10-63 示。通过前面的操作，清晰显示主体鞋子对象，如图 10-64 示。选择工具箱中的"画笔工具" ，设置前景色为黑色，在鞋子边沿模糊处涂抹，最终效果如图 10-65 示。

图 10-63　　　　　　　　图 10-64　　　　　　　　图 10-65

实战 9：更换宝贝图片的背景

拍摄宝贝图片时，由于场景限制，常会出现背景单一的现象。为宝贝更换背景，可以使产品看起来更有吸引力，效果对比如图 10-66 所示。

在制作本实例中，主要用到"魔棒工具" 、"椭圆选框工具" 、"水波"命令、"画笔工具" 等知识，具体操作方法如下。

图 10-66

第1步 启动 Photoshop 程序,打开需要添加背景的照片"护肤品 .jpg"文件(光盘\素材文件\第 10 章\实战 9\),选择工具箱中的"魔棒工具" ,在选项栏中,设置"容差"为 10,在灰色背景处单击创建选区,如图 10-67 所示。

第2步 在"图层"面板中,❶ 双击背景图层,在弹出的"新建图层"对话框中,使用默认参数,❷ 单击"确定"按钮,如图 10-68 所示。

图 10-67

图 10-68

第3步 通过前面的操作,将背景图层转换为普通图层,如图 10-69 所示。按【Delete】键删除背景图像,如图 10-70 所示。

图 10-69

图 10-70

第4步 打开需要添加的背景 .jpg 文件，复制粘贴到当前文件中，命名为"背景"，如图 10-71 所示。拖动"背景"图层到最下方，如图 10-72 所示。

图 10-71

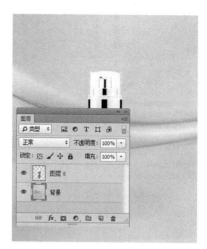

图 10-72

第5步 选择工具箱中的"椭圆选框工具" ，拖动鼠标指针创建椭圆选区，按【Ctrl+J】快捷键，复制图像，生成"图层 1"，如图 10-73 所示。

第6步 按住【Ctrl】键，单击"图层 1"图层缩览图，载入图层选区，执行"滤镜"→"扭曲"→"水波"命令，❶设置"数量"为 –100，"起伏"为 6，"样式"为水池波纹，❷单击"确定"按钮，如图 10-74 所示。

图 10-73

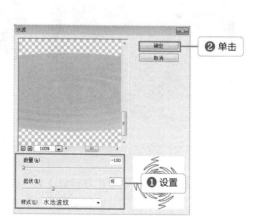

图 10-74

第7步 按【Ctrl+F】快捷键 5 次，加强波纹效果，如图 10-75 所示。新建"图层 3"，移动到"图层 0"下方，选择"画笔工具" ，设置前景色为黑色，在选项栏中，设置"不透明度"为 20%，在对象下方拖动鼠标指针，绘制阴影，如图 10-76 所示。

图 10-75

图 10-76

实战 10：宝贝图片的偏色处理

拍摄宝贝照片时，可能因环境、光照等各种原因，使照片产生偏色现象，需要将其恢复成产品本来的颜色，尽量减少色差，效果对比如图 10-77 所示。

图 10-77

在制作本实例中，主要用到"颜色取样器工具" 、"曲线"命令、"USM 锐化"命令等知识，具体操作方法如下。

第1步 启动 Photoshop 程序，打开需要处理的照片"包包 .jpg"文件（光盘\素材文件\第 10 章\实战 10\)，选择工具箱中的"颜色取样器工具" ，在包包的最暗处单击创建颜色取样点，如图 10-78 所示。

第2步 在"信息"面板中，生成 #1 取样点，B 值过高，整体偏蓝色，如图 10-79 所示。

第3步 执行"图像"→"调整"→"曲线"命令，在"曲线"对话框中，❶ 设置"通道"为蓝，❷ 向下拖动曲线，❸ 单击"确定"按钮，如图 10-80 所示。

图 10-78

图 10-79

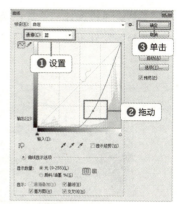

图 10-80

第4步 通过前面的操作,降低蓝色值,在"信息"面板中,#1取样点的蓝色值降低,如图10-81所示。

图 10-81

第5步 通过观察,环境光偏红色。按【Ctrl+M】快捷键,再次执行"曲线"命令,在"曲线"对话框中,❶设置"通道"为红,❷向下方拖动曲线,❸单击"确定"按钮,如图10-82所示。❶设置"通道"为绿,❷向上方拖动曲线,❸单击"确定"按钮,如图10-83所示。

图 10-82

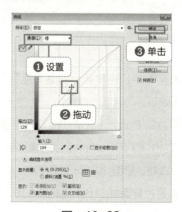

图 10-83

第 6 步 通过操作，照片色调如图 10-84 所示。执行"滤镜"→"锐化"→"USM 锐化"命令，❶ 设置"数量"为 40%，"半径"为 0.8 像素，❷ 单击"确定"按钮，如图 10-85 所示。

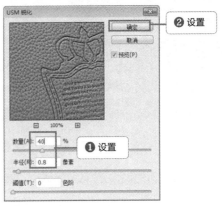

图 10-84　　　　　　　　　　　图 10-85

实战 11：修复偏暗的宝贝图片

宝贝照片偏暗，可能导致看不清楚，细节无法识别，使用 Photoshop 可以轻松修复这类问题，效果对比如图 10-86 所示。

图 10-86

在制作本实例中，主要用到"曝光度""亮度/对比度""阴影/高光"命令、图层混合模式等知识，具体操作方法如下。

第 1 步 启动 Photoshop 程序，打开需要修复的照片"沙发.jpg"文件（光盘\素材文件\第 10 章\实战 11\），如图 10-87 所示。执行"图像"→"调整"→"曝光度"命令，❶ 设置"曝光度"为 0.5，❷ 单击"确定"按钮，如图 10-88 所示。

第 2 步 通过前面的操作，提高图像整体曝光，效果如图 10-89 所示。执行"图像"→"调整"→"亮度/对比度"命令，❶ 设置"亮度"为 60"对比度"为 -40，❷ 单击"确定"按钮，如图 10-90 所示。

图 10-87

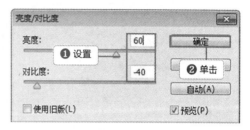

图 10-88

图 10-89

图 10-90

第3步 通过前面的操作，整体画面更加明亮，效果如图 10-91 所示。执行"图像"→"调整"→"阴影/高光"命令，在"阴影/高光"对话框中，❶ 设置阴影"数量"为 35，❷ 单击"确定"按钮，如图 10-92 所示。

图 10-91

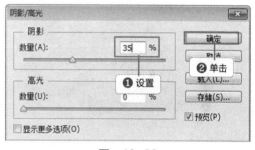

图 10-92

第4步 通过前面的操作，沙发变得更加明亮，效果如图 10-93 所示。按【Ctrl+J】快捷键复制图层，生成"图层 1"，更改该图层混合模式为"柔光"，最终效果如图 10-94 所示。

图 10-93

图 10-94

实战 12：修复过曝的宝贝图片

拍摄宝贝照片时，有时会因阳光过于明媚，导致产品局部出现过亮的问题，本实例将对图片进行曝光减弱，效果对比如图 10-95 所示。

图 10-95

在制作本实例中，主要用到"曝光度""亮度/对比度""曲线"命令等知识，具体操作方法如下。

第1步 启动 Photoshop 程序，打开需要修复的照片"茶壶.jpg"文件(光盘\素材文件\第 10 章\实战 12\)，如图 10-96 所示。执行"图像"→"调整"→"亮度/对比度"命令，❶设置"亮度"为 -90，"对比度"为 -40，❷单击"确定"按钮，如图 10-97 所示。

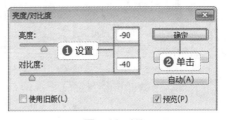

图 10-96　　　　　　　　　　图 10-97

第2步 通过前面的操作，恢复正常亮度，如图 10-98 所示。执行"图像"→"调整"→"曝光度"命令，❶设置"曝光度"为 -0.5，"灰度系数校正"为 1.5，❷单击"确定"按钮，如图 10-99 所示。

图 10-98　　　　　　　　　　图 10-99

第3步 通过前面的操作，调暗照片，如图 10-100 所示。执行"图像"→"调整"→"曲线"命令，❶ 向右下方拖动曲线，❷ 单击"确定"按钮，如图 10-101 所示。

图 10-100

图 10-101

实战 13：修复逆光的宝贝图片

拍摄宝贝时，如果背对光源，就会出现逆光现象。该现象的主要问题是主体偏暗，背景明亮，逆光可以在 Photoshop 中进行修复，效果对比如图 10-102 所示。

图 10-102

在制作本实例中，主要用到"阴影/高光""曲线""色阶""照片滤镜"命令等知识，具体操作方法如下。

第1步 启动 Photoshop 程序，打开需要修复的照片"咖啡豆.jpg"文件（光盘\素材文件\第10章\实战 13\），如图 10-103 所示。按【Ctrl+J】快捷键复制背景图层，生成"图层 1"，如图 10-104 所示。

图 10-103

图 10-104

第2步 执行"图像"→"调整"→"阴影/高光"命令，❶设置阴影"数量"为82%，❷单击"确定"按钮，如图10-105所示。通过前面的操作，调亮阴影区域，如图10-106所示。

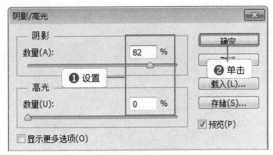

图 10-105

图 10-106

第3步 执行"图像"→"调整"→"色阶"命令，❶设置输入色阶值（29，1.7，255），❷单击"确定"按钮，如图10-107所示。调整效果如图10-108所示。

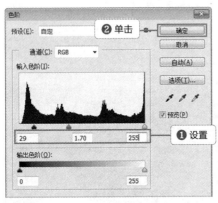

图 10-107

图 10-108

第4步 在"图层"面板中，单击"添加图层蒙版"按钮 ，为"图层1"添加图层蒙版，如图10-109所示。使用黑色"画笔工具"在四周和下方涂抹，恢复部分画面，效果如图10-110所示。

图 10-109

图 10-110

第5步 在"调整"面板中，❶单击"创建新的照片滤镜调整图层"按钮，如图10-111所示。❷在打开的"属性"面板中，设置"滤镜"为水下，如图10-112所示。最终效果如图10-113所示。

图 10-111　　　　　图 10-112　　　　　图 10-113

实战 14：添加宣传水印效果

制作宝贝宣传图片时，可以制作一些醒目的宣传内容，作为水印贴在图片上。既不影响图片效果，又能起到很好的宣传推广使用。效果对比如图 10-114 所示。

图 10-114

在制作本实例中，主要用到"椭圆选框工具"、"矩形选框工具"、"描边"命令、"横排文字工具" 等知识，具体操作方法如下。

第1步 启动 Photoshop 程序，打开需要添加宣传水印的照片"童装 .jpg"文件（光盘 \ 素材文件 \ 第 10 章 \ 实战 14\），如图 10-115 所示。选择工具箱中的"椭圆选框工具"，按住【Shift】键，拖动鼠标指针创建正圆选区，填充红色 #f3111b，如图 10-116 所示。

第2步 设置前景色为白色，执行"编辑"→"描边"命令，在"描边"对话框中，❶ 设置"宽度"为 6 像素，❷ 单击"确定"按钮，如图 10-117 所示。描边效果如图 10-118 所示。

图 10-115

图 10-116

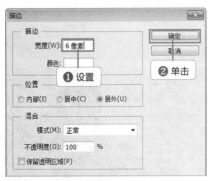

图 10-117

图 10-118

第3步 新建图层,命名为"白条"。使用"矩形选框工具" 创建选区,填充白色,如图 10-119 所示。执行"图层"→"创建剪贴蒙版"命令,效果如图 10-120 所示。

图 10-119

图 10-120

第4步 选择工具箱中的"横排文字工具" T ，在图像中输入"RMB："，在选项栏中，设置"字体"为黑体，字体大小为25点，如图10-121所示。

第5步 继续使用"横排文字工具" T ，在图像中输入"88 包邮"，在选项栏中，设置"字体"为黑体，字体大小为88点和25点，如图10-122所示。

图 10-121　　　　　　　　　　图 10-122

第6步 设置前景色为黑色，使用"横排文字工具" T ，在图像中输入"女童外套"，在选项栏中，设置"字体"为黑体，字体大小为46点，如图10-123所示。

第7步 设置前景色为白色，使用"横排文字工具" T ，在图像中输入"童爱店"，在选项栏中，设置"字体"为黑体，字体大小为46点，如图10-124所示。

图 10-123　　　　　　　　　　图 10-124

第8步 ❶同时选中背景以外的所有图层，如图10-125所示。❷按【Alt+Ctrl+E】快捷键，生成盖印图层，命名为"合并水印"，❸更改"不透明度"为50%，如图10-126所示。❹选中中间图层，执行"图层"→"隐藏图层"命令，如图10-127所示。

第9步 移动"合并水印"图层到上方适当位置，最终效果如图10-128所示。

图 10-125　　　　　图 10-126　　　　　图 10-127　　　　　图 10-128

实战 15：宝贝场景展示合成

制作宝贝宣传图片时，将宝贝融合到真实的场景中，可以更好地展示宝贝的特性，吸引买家产生购买欲望，场景展示合成效果对比如图 10-129 所示。

在制作本实例中，主要用到"渐变工具"、"魔棒工具"、"画笔工具"、"照片滤镜"命令、图层蒙版等知识，具体操作方法如下。

第 1 步　启动 Photoshop 程序，执行"文件"→"新建"命令，❶ 设置"宽度"和"高度"为 794 像素，"分辨率"为 96 像素 / 英寸，❷ 单击"确定"按钮，如图 10-130 所示。

第 2 步　设置前景色为灰蓝色 #83a9c8，背景色为白色，选择工具箱中的"渐变工具"，在选项栏中，选择前景色到背景色渐变，单击"径向渐变"按钮，单击选中"反向"复选项，如图 10-131 所示。

第 3 步　在图像中拖动鼠标指针填充渐变色，如图 10-132 所示。打开素材"水花 .tif"文件（光盘 \ 素材文件 \ 第 10 章 \ 实战 15\），拖动到当前文件中，移动到适当位置，如图 10-133 所示。

图 10-129　　　　　　　　　　　　　　　图 10-130

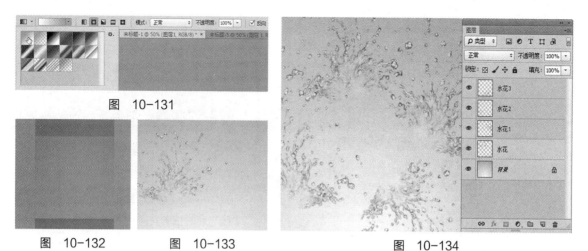

图 10-131　　　　图 10-132　　图 10-133　　　　　图 10-134

第4步 复制三个水花图层，调整位置大小和角度，效果如图 10-134 所示。打开素材"葡萄 .tif"文件（光盘\素材文件\第 10 章\实战 15\），拖动到当前文件中，移动到适当位置，如图 10-135 所示。

第5步 打开素材"冰块 .jpg"文件（光盘\素材文件\第 10 章\实战 15\），拖动到当前文件中，移动到适当位置，选择工具箱中的"魔棒工具"，在白色背景处单击，按【Ctrl+Shift+I】快捷键反向选区，效果如图 10-136 所示。

第6步 在"图层"面板中，单击"添加图层蒙版"按钮，效果如图 10-137 所示。

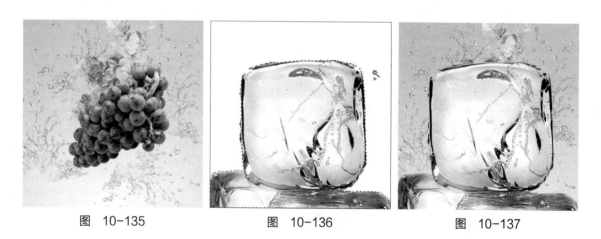

图 10-135　　　　　图 10-136　　　　　图 10-137

第7步 设置前景色为黑色，使用软边"画笔工具"，在冰块中间位置涂抹，显示部分葡萄画面，如图 10-138 所示。

第8步 打开素材"草莓 .tif"文件（光盘\素材文件\第 10 章\实战 15\），拖动到当前文件中，移动到适当位置，如图 10-139 所示。

图 10-138

图 10-139

第9步 打开素材"樱桃.tif"文件（光盘\素材文件\第10章\实战15\），拖动到当前文件中，移动到适当位置，如图10-140所示。

第10步 在"调整"面板中，❶单击"创建新的照片滤镜调整图层"按钮，❷在弹出的"属性"面板中，设置"滤镜"为冷却滤镜（80），"浓度"为10%，如图10-141所示。

图 10-140

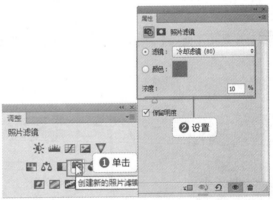
图 10-141

本 章 小 结

本章呈现了电商对图片的需求以及基本的优化处理技巧，虽然内容及操作看似简单，但这些基础操作都是重要的技能。因此，需要用户特别是网店美工初学者牢牢掌握。

附 录
电子商务常见专业名词解释（内容见光盘）